KB179688

떠오르는 숨

해양 포유류의 흑인 페미니즘 수업

떠오르는 숨

해양 포유류의 흑인 페미니즘 수업

알렉시스 폴린 검스 지음

김보영 옮김

일러두기

1. 이 책은 Alexis Pauline Gumbs, Undrowned: Black Feminist Lessons from Marine Mammals(AK Press 2020)를 완역한 것이다.

2. 이 책에는 해양 포유류의 이름이 여럿 등장한다. 일반적으로 해양 포유류에는 '스텔러바다소(Steller's sea cow)' '아르누부리고래(Arnoux's beaked whale)' 등 이들을 착취한 최초 발견자 혹은 사냥꾼의 이름이 붙어 있다. 저자는 식민주의적 이름의 사용을 피하기 위해 각 개체의 서식지나 특징을 부각하는 이름이나 학명을 사용하고 있다. 예컨대 '스텔러바다소'는 '하이드로다말리스 기가스(Hydrodamalis gigas)'라는 학명으로, '아르누부리고래'는 '남방이빨네개고래(the southern four-toothed beaked whale)'라는 이름으로 부른다. 이런 경우에는 독자의 편의를 위해 국립해양생물자원관이 정리한 일반명을 밝혀 놓았다.

3. 저자는 인간에 대한 성별이분법과 마찬가지로 고래에 대한 성별이분법을 문제 삼는다. 모든 존재를 두 가지 성별로만 자의적으로 구분하는 체제에 반대하며, 이들을 '암컷' '수컷'으로 분류하더라도 그것은 어디까지나 인간에 의한 성별 지정일 뿐이기에 '지정성별여성' '지정성별남성'이라는 표현을 쓴다. 또한 인간과 동물 사이의 위계나 분리, 구획을 거부하는 것이 이 책의 주요 주제이기에 주로 동물에게 쓰이는 '암컷' '수컷'이라는 표현보다는 '여성' '남성' 또는 '그녀' '그'라는 표현을 사용했다.

4. 'fish'는 '물살이'로 옮겼다. 동물해방운동을 하는 사람들 사이에서 주로 쓰이는 '물살이'라는 단어는 어류나 수생동물을 인간의 식량으로 대하지 않고, 물에서 살아가는 존재 그 자체로 존중하기 위해 사용된 단어다.

5. 부록의 '주'는 모두 저자 주이며 본문의 각주는 모두 옮긴이 주다.

6. 학명은 이탤릭으로, 저자의 강조는 볼드로 구분해 표시했다.

7. 원서에 언급된 문헌 중 한국어판이 있는 경우 그 서지사항을 밝혀 놓았다.

8. 단행본, 정기간행물, 장편소설은 『』, 논문, 신문기사, 단편소설, 노래 제목 등은 「」로 묶어 표기했다.

대서양 횡단에서 살아남은 선대의 어머니 보다[Boda],

바다의 별 상고다레[Sangodare]에게 바칩니다.

추천의 말

물론 열아홉 번째 날에 이 글을 쓰고 있습니다. 이 책은 열아홉 부분으로 구성되어 있거든요. 열아홉 살의 BLM^{Black Lives Matter, '흑인의 생명은 소중하다' 운동} 활동가인 올루와토인 살라우^{Oluwatoyin Salau}가 사망한 채 발견됐다는 소식을 듣고 일주일이 흘렀습니다.* 처음 느껴본 이런 슬픔을 다 이해하긴 어렵지만, 열아홉 가지 방식으로 슬퍼했습니다. 오늘 나는 알렉시스가 가르쳐준 대로 선조와 살아 있는 천재들을 연결하는 이야기에 귀를 기울이며 흑인 페미니스트의 열아홉 가지 지혜를 담은 명상을 만들었습니다.

오늘이 그저 어느 달의 열아홉 번째 날인 건 아닙니다. 6월의 열아홉 번째 날, 6월 19일이지요. 일명 '준틴스**', 해방의 날. 이 책이 해방을 다루기에 바닷속으로 뛰어들고 싶었습니다.

---

* BLM 운동에 적극적으로 참여했던 흑인 여성 활동가 올루와토인 살라우가 2020년 6월 살해된 채 발견되었다. 살라우는 아론 글리라는 남성에게 성폭력 피해를 입고 살해당했다. 살라우의 시신이 발견된 후 수많은 사람이 #justicefortoyin 해시태그를 통해 그녀를 추모하고 유색인 여성을 대상으로 발생하는 성폭력에 주목할 것을 요청했다.

** Juneteenth. 노예제 폐지를 기념하는 미국의 연방 공휴일.

알렉시스는 언제나 나를 겸허하게 합니다. 슬픔과 신비의 힘을 맞닿게 하고, 그 둘 사이에 잔물결을 일으키지요. 그 물결은 좋은 삶$^{good\ life}$이라는 비선형적 연대기 위에 표시된 각기 다른 순간이 어떻게 동일한지를 보여줍니다. 알렉시스 주위의 우주는 조화로워요. 아무리 광활한 공간에 있더라도 중심을 잡을 수 있을 정도로 안정적이기 때문이죠. 알렉시스는 자기 지느러미를 붙잡으라고 내어 주며 우리를 바다로 이끕니다. 그를 따라서 우리는 언제 어떻게 숨을 쉬어야 하는지, 수심의 압력을 어떻게 견뎌야 하는지, 어디서 뛰어올라 태양의 빛을 잡아야 하는지를 배우게 됩니다.

알렉시스가 해양 포유류에게 보내는 편지를 게시하기 시작했을 때[***], 나는 이렇게 생각했어요. "오, 이건 심해에서 온 창발적 전략$^{emergent\ strategy}$이야!" 이것은 내가 거의 접해 본 적 없는 야생 세계입니다. 여기에는 우리가 생존하는 법, 속도를 늦추는 법, 대기를 지키는 법, 포획과 멸종을 피하는 법, 그리고 우리가 노는 법까지 지금 당장 배울 수 있는 엄청나게 많은 가르침이 있습니다.

언제나 내가 바다의 자식이라 생각했지만 많은 흑인이 그러하듯 나를 지구, 물에 매어 놓는 줄은 오래전에 끊어졌습니다. 알렉시스는 이 책을 통해 선조들과 자매종 그리고 다양한 연대를 다시금 알려 줍니다. 이는 나

[***] 알렉시스 폴린 검스는 페이스북을 통해 해양 포유류에게 보내는 편지를 꾸준히 게시했으며, 그 게시물을 엮어 이 책을 만들었다.

자신에 대한 배움이기도 합니다. 나는 해양 포유류 세계와 흑인성 사이에 공통점이 이렇게 많은지 몰랐습니다! 이 책은 마치 기이하고 지혜롭고 흥미로운 가족을 만난 듯한 기분이 들게 합니다. 알렉시스는 바다의 소금 자락을 걷어 올려 우리가 어떻게 연결되어 있는지, 어떻게 우리가 돌고래와 바다표범, 고래와 마찬가지로 찬란한 메아리인지를 보여 줍니다.

이 글을 썼고, AK프레스에서 창발적 전략 시리즈 Emergent Strategy Series의 첫 번째 동지 텍스트로 출판할 수 있게 내어 준 알렉시스에게 감사의 마음을 전합니다. 내가 그랬듯이 독자 여러분도 이 글에서 다채로운 가르침을 발견할 수 있길, 이 작품이 여러분의 삶에 깊이를 더해 주길 바랍니다.

팬데믹과 봉기의 세계에서
2020년 6월 19일
에이드리언 마리 브라운 adrienne maree brown

해양 포유류로부터 배우는 인간 삶의 안내서라니? 포획, 사냥, 선박충돌, 해양 오염으로 멸종되거나 멸종 위기에 처한 다종의 고래들이 어떻게 인류를 '익사'로부터 구해줄 수 있을까? 퀴어 흑인 페미니스트 작가인 알렉시스 폴린 검스는 노예무역과 고래 멸종을 일으킨 가부장제, 인종주의, 자본주의라는 공동의 원인을 추적한다. '비슷한 방식으로' 상처받은 흑인성과 고래다움은 무거움을 견디는 힘으로, 사랑이 넘치는 삶을 안내하는 창발성으로 재탄생했다.

범고래는 공공장소에서 몇 달, 몇 년 동안 슬픔을 표현하는 것을 두려워하지 않는다. '밍크고래'는 사냥당하지 않기 위해 말 없는 고래가 되었다. 돌고래들은 동성에게 '헌신'한다. 남방코끼리물범은 한 달 내내 친척이나 친구들과 포옹하고 낮잠을 잔다. 게잡이물범은 출생 관계나 종을 넘어 서로를 입양하여 혁명적인 공동체 돌봄을 실천한다. 고래 수가 상업적 포경 시절 이전으로 돌아간다면, 그들은 로키산맥국립공원 크기의 숲과 맞먹는 양의 탄소를 포집할 것이다.

해양 포유류가 인간 포유류에게 전해 주는 영감이 무궁무진하다. 이제 인류는 고래로부터 듣기, 숨쉬기, 소리내기, 협력하기, 속도 늦추기와 같은 기초적이면서 필수적인 지혜를 배워야 할지 모른다.

이 책을 통해 해양 포유류의 조언을 따르는 겸허한 수습생이 되어보자. 서로의 삶과 죽음을 축복하고 애도하는 종-횡단적 친족이 되어보자. 그리고, 마침내 '익사'

로부터 살아남자. 『떠오르는 숨』은 생태 위기를 멈추고
자 하는 모든 이의 필독서이다.

김현미(연세대 문화인류학과 교수)

흑인들을 화물칸에 짐짝처럼 싣고 다니던 노예선, 고
래를 사냥해 사체에서 기름을 뽑아내는 포경선으로 바
글바글하던 죽임의 바다는 이제 멸종위기에 처한 북대
서양긴수염고래를 보려는 고래관광 선박들로 북적인다.
폭력의 양상은 달라졌지만 여전히 타자를 구경거리와
돈벌이 수단으로 착취하는 소비가 만연한 지금, 『떠오르
는 숨』은 차별과 혐오의 바다에 빠져 허우적대는 우리를
수면 위로 끌어올려 비로소 숨을 쉴 수 있게 한다. 흑인
과 해양 포유류의 깊은 관계성을 느끼게 함으로써 말이
다. 자본주의에 익사하지 않으려면 우리는 '비인간 인격
체'를 통해 인간-비인간의 경계를 허물고, '생태법인' 도
입으로 법적 권리의 한계를 인간 너머로 확장해야 하지
않을까?

조약골(핫핑크돌핀스 활동가)

친애하는 한국 독자에게

　페이스북 연재로부터 출발한 이 소박한 책이 여러분의 언어로 번역되어 영광입니다. 한국과 미국의 해양 포유류 사냥 역사는 매우 다른 모습이겠지요. 그러나 우리는 점점 더 숨쉬기 어려운 상황에 놓여있다는 공통점이 있습니다. 일본과의 관계에서뿐 아니라 전 세계 곳곳에서 한국 사람이 겪는 제도적 억압을 생각할 때, 예술과 창의적인 분야에서 빛나는 역량을 보여줄 때, 심지어 한국 사람과 한국계 미국인이 아프리카계 미국인의 춤과 소울 음악을 통해 만들어 왔던 시너지를 생각할 때, 이 책의 존재보다 훨씬 더 오랫동안 우리가 함께 호흡해 왔음을 생각하게 됩니다.

　이 책을 통해 자기 호흡과의 친밀성, 주변 세계를 향한 깊은 사랑, 모든 삶에 대한 비판적 연대의 가능성을 발견할 수 있길 바랍니다.

　모든 숨에 사랑을 담아,
　알렉시스 폴린 검스

익사하지 않기 위한 안내

호흡의 범위는 어디까지일까요? 종일 부풀었다 가라앉길 반복하는 가슴에 손 얹기. 그것이 호흡의 범위를 측정하는 방법일까요? 당신은 같은 공간에 있었던 이들, 오늘 스쳐 지나간 모든 이와 공기, 화학물질을 교환합니다. 호흡의 범위는 하나의 종에만 국한될까요? 모든 동물은 생명 지속을 위해 이 교환 과정에 참여합니다. 여기에는 식물도 포함되지요. 식물은 우리에게 필요한 부분을 내보내고, 우리가 그들에게 주는 게 무엇인지 묻지 않고 가져갑니다. 바다의 숨결로 둘러싸인 지구는 하늘을 향해 호흡합니다. 호흡의 범위는 어디까지일까요? 당신도 이제 그 일부입니다. 당신은 혼자가 아닙니다.

호흡의 범위가 종^{species} 또는 지각 능력에 관계없이 모두를 포괄한다면 익사의 영향력 또한 마찬가지입니다. 먼바다에서 계속 발생하고 있는 대규모 익사 사고는 인간이 재화가 될 수 있고, 생명이 사고 팔릴 수 있음을 보여줍니다. 나는 중간항로$^{middle\ passage}$*를 이야기하고 있습니

---

* 15세기 후반~19세기 후반에 이루어진 노예무역의 주요 항로로 서

다. 거기에서 익사한 모든 사람과 여전히 숨 쉬고 있는 모든 이에 대해 말하는 겁니다. 하지만 나는 이 둘을 구분하기 어렵습니다. 나는 배의 밑바닥에서, 숨 쉴 수 없는 상황에서도 서로의 밑에서 살아남은 이들을 익사하지 않은 자들the undrowned이라 부릅니다. 익사하지 않은 자들의 호흡은 익사한 친족, 동료 포로들과 분리되지 않습니다. 익사하지 않은 자들의 호흡은 바다의 호흡과 분리되지 않으며 사냥당한 고래들의 날카로운 숨과도, 그 친족들과도 분리되지 않습니다. 익사하지 않은 자들이 각자 숨을 잘 쉬었기에 생존자가 될 수 있었던 건 아닙니다. 그것은 하나의 맥락 속에 놓여 있지요. 익사하지 않기undrowning의 맥락요. 숨 쉴 수 없는 상황에서 숨 쉬기란 인종, 젠더, 장애에 따른 차별로 점철된 자본주의가 목을 조르는 상황 속에서 우리가 매일 하는 일이기도 합니다. 우리는 여전히 익사하지 않고 있어요. 여기서 '우리'는 중간항로에서 살아남은 선조를 가진 나 같은 사람만을 의미하지 않습니다. 우리의 호흡은 적어도 지구적 규모로 이루어지기 때문입니다.

아직 숨 쉬고 있나요? 이 책은 우리의 진화를 위한 제안입니다. 노예제, 포획, 분리, 지배의 전철을 밟으며 숨

부 아프리카와 서인도제도를 연결했다. 이 기간에 약 1,240만 명의 사람이 노예선에 올라탔을 것으로 추정되며 180만 명이 항로 이동 중 사망하고 살아남은 1,060만 명은 살인적인 노동 조건 속에서 일해야 했다. 그러나 중간항로는 저항의 장소이기도 했다. 이에 관해서는 리베카 홀 『웨이크』, 홍한별 옮김, 궁리 2023: 마커스 레디커 『노예선』, 박지순 옮김, 갈무리 2018을 통해 더 자세히 살펴볼 수 있다.

쉴 수 없는 대기를 계속 만들어 가는 대신, 다른 호흡법을 연습하기 위한 가능성으로 나아가자는 제안이기도 하고요. 어떤 모습일지는 모르지만 나는 우리의 해양 포유류 친족이 익사하지 않기에 일가견이 있다는 걸 압니다. 그래서 나는 그들을 선생님, 멘토, 안내자라 부릅니다. 그리고 나는 당신을 숨 쉬는 친족 영혼이라 부르지요. 부디 우리가 진화해 나가기를.

들어가며

우연히 바다에서 숨 쉬고 있는 누군가를 발견한다면 어떻게 할 건가요? 같은 포유류지만 당신과는 달리 배와 마스크, 육지에 얽매이지 않는 누군가를 본다면 그들이 누구인지, 무엇을 하고 있는지, 어떻게 그럴 수 있는지 궁금하겠지요. 염분과 심해, 움직임 속에서 어떻게 살아가는 걸까요? 당신도 궁금하겠지요. 그렇다면 안내서가 필요합니다. 현재 가장 널리 알려진 안내서는 『국립 오두본협회 세계 해양 포유류 가이드 National Audubon Society Guide to Marine Mammals of the World』와 『스미스소니언 핸드북: 고래와 돌고래 Smithsonian Handbook: Whales, Dolphins & Porpoises』입니다. 이 책들은 동물들의 서식지, 습성, 생김새에 관한 유용한 과학적 정보를 요약하여 당신이 각 포유류를 구별할 수 있게, 바닷속에서 누굴 봤는지 다른 이에게 이야기할 수 있도록 해 줍니다.

나는 포유류입니다. 나는 소유물로 전락해 바다 너머로 납치되었던 모든 사람과 함께 자라났고 그들에 의해 형성된 흑인 여성입니다. 많은 이들이 그렇듯, 나도 해양 생물의 경이로움에 매료되었습니다. 나는 내 친족을 알고 싶었기에 수족관에 가서 두 권의 안내서를 샀습니다.

나는 소위 해양 안내서의 '중립적인' 과학 언어에서 일탈과 폄하의 언어(예를 들어 두건 물범^{hooded seal}을 묘사하기 위해 '떠돌이 청소년'이라는 용어를 사용하죠), 어색하기 짝이 없는 이분법적인 생물학적 성별 지정, 생물학자의 상식에서 벗어난 포유류에 대한 괴상한 범죄화를 발견하게 되었습니다. 나는 그저 그 고래가 어떤 고래인지 알고 싶었을 뿐인데 나를 죽이려는 식민주의, 인종차별, 성차별, 이성애가부장제 자본주의 구조, 그러니까 이미 나를 포획하고 있는 그물과 맞닥뜨린 스스로를 발견했습니다. 그러니 내가 누구를, 무엇을 봤는지 어떻게 설명할 수 있을까요?

동시에 해양 포유류에 대해 더 많이 배울수록, 매일 나를 잘못된 이름으로 부르는 세계에서 나를 찾고 사랑하기 위해 시적 실천을 하며 언어의 허점을 들여다보는 법도 배울 수 있었습니다. 또한 사랑과 겸손을 느꼈습니다. 큰 경외심이 들었고 가능성을 깨달았습니다. 내가 느낀 걸 보여 줘야 했습니다. 그래서 나는 안내서를 통해, 혹은 그러한 안내서의 내용에도 불구하고 나만의 깊은 탐구와 아프로퓨처리즘적 사변^{afro-futuristic speculation}을 통해 해양 포유류에게서 무엇을 배웠는지, 내 마음속에서 무슨 일이 일어났는지를 매일 소셜 미디어에 게시했습니다.

단순히 어떤 대상이 무엇인지 아는 것에 그치지 않고

나는 더 깊이 들어가야 했죠. 반향정위[*]를 사용하는 많은 해양 포유류에게서 단서를 얻었습니다. 볼 수 있고 인식할 수 있는 부분에 집중하기보다는 어떤 관계 속에 있는지에 집중해야 했어요. 나를 둘러싼 구조와 환경과의 관계 속에서 나를 튕겨 내는 소리에 근거해 내 위치를 파악하려고 집중했어요. 끊임없이 변화하는 당신과의 관계 속에서요. 지금쯤 당신이 누구든 말이죠.

내가 배운 내용을 계속 올리자 인스타그램 팔로워가 폭발적으로 늘었고, 사람들이 고래를 그린 수채화 일기[1], 뜨개질로 만든 혹등고래 귀걸이[2], 실제 고래의 척추뼈(진짜!)[3] 같은 걸 보내 주었습니다. 또 이 글들을 언제, 어디서 책으로 구입해서 볼 수 있냐는 질문, 연구 조교가 되겠다는 제안, 내 포스팅이 매일의 명상이 되었다는 간증, 앱이나 노래 기반 오디오 명상 제작에 협력하겠다는 제안 메시지를 매일 받았습니다. 그중에는 내 글이 AK 출판사의 창발적 전략 시리즈에 포함될 수 있을 것 같다는 에이드리언[adrienne]의 특별한 메시지도 있었고요. 그리고 이렇게 책으로 출간되었습니다.

이 책은 해양 포유류의 전복적이고 변혁적인 지침에 기반한 운동과 우리 종 전체를 위해 만들어진 새로운 종류의 안내서입니다. 창발적 전략은 우리 자신을 자연의 지속적인 출현의 일부로 이해함으로써 변화를 만들어

---

[*] echolocation. 소리를 내어 되돌아오는 음파로 위치와 지형지물을 파악하는 법.

가는 작업을 연구하고 연습하는 기회를 제공합니다. 특히 익사를 예방하기 위한 이 안내서는 삶의 한 형태로서 해양 포유류에 귀를 기울입니다. 기후위기에서 우리가 경험하고, 일으키고, 형성하는 주요 변화 중 하나가 해수면 상승인 만큼, 이 시기에 우리가 직면한 여러 변화에 대처하는 데 필요한 취약성, 협력, 적응에 관해 많은 걸 가르쳐주기 때문이지요. 이 책의 수정 원고를 보내던 시기에 발생한 팬데믹이 우리의 숨통을 위협하고 있기 때문이기도 하고요.

이 책이 앞서 언급한 두 안내서에 대한 비평서라고 생각하지 않습니다. 그보다는 당신에게 보내는 헌사이자 내가 진행하고 있는 '해양 포유류 수습생' 과정의 결과물이라 생각합니다. 겸허히 해양 포유류의 조언에 따라야 할 때가 있다면 바로 지금입니다. 해수면이 상승 중이라고 말했던가요? 호흡의 적응 과정을 알아채고 있습니까? 이것은 실용적인 탐구 과정입니다. 동시에 이 수습생 과정에서 내게 중요한 부분 중 하나는 나의 호흡, 내 안의 바닷물, 내 슬픔의 깊이, 내 사랑의 범주가 변화하는 관계입니다. 이 과정에서 해양 포유류와 그들의 삶, 가족, 초능력, 투쟁에 관한 정보를 얻곤 하던 글에서 매번 튀어나오는 폭력적인 식민 언어를 파괴하기 위한 작업을 해야만 했죠. 내게 필요한 배움과 알고 있던 것을 버리기unlearning 위한 생각의 공간을 확보하기 위해서요.

이 책의 인용문 중 별도의 출처 표기가 없는 부분은 모두 오듀본과 스미스소니언 안내서에서 발췌한 내용입니다. 나는 종종 이 안내서들이 보여 주는 객관성의 운율을 모방하며 명상을 시작합니다. 그것이 하나의 수행 performance임을 기억하고 또 변형하고 싶기에 일부러 그렇게 합니다. 나는 수동태 사용을 피하곤 해요. 책임을 숨기기 때문이지요(이 점에 관해선 다른 지면에 쓴 적이 있습니다).[4] 하지만 이 글에서 사용된 수동태는 과학자들이 연구의 친밀성에서 벗어나 객관성이라는 환상에 빠져들도록 가르치는 글쓰기의 과학적 형식을 모방하는 주요 장치입니다. 객관적인 건 없습니다. 과학자들, 특히 해양 포유류와 조우하리라는 희망과 가능성을 중심으로 자기 삶 전체를 설계한 사람들과, 특정 해양 생물을 목격할 가능성을 높이기 위해 남극으로 이사하는 등의 극단적 조치를 취한 이들이 흔들리지 않기는 어렵습니다. 그들은 분명 사로잡혀 있으며 사랑에 빠졌을 가능성이 높죠. 나처럼요. 자신이 쓴 글에서 그 사실을 인정하든 하지 않든 말입니다.[5]

이 책에서 나는 대체로 아무런 예고 없이 분석적 어조에서 매우 친밀한 어조로 옮겨 갑니다. "사랑합니다"라는 말은 다른 어떤 문구보다 많이 등장합니다. 해양 포유류에 관한 과학적 연구에 이런 구절이 등장한 적은 없다고 확신합니다.[6] 나의 희망, 나의 야심 찬 시적 개입은 무엇이 무엇인지를 말하는 과정, 즉 저기 있는 돌고래가 무엇이고 그 속성이 무엇인지를 말하는 **정체화**identification의 과정에서, 우리가 누구인지를 가르는 경계와 공감을 확장하는 유동적인 정체화 과정으로 옮겨 가는 것입니다.

다른 사람, 어쩌면 소위 전혀 다른 종의 경험과 동일시하면서요. 까다로운 작업입니다. 혼란스러운 내 감정 때문만이 아니라, 말로 항의 표현을 할 수 없는 존재들의 집단 전체에 내가 그저 투사할 가능성이 있기에 나는 취약합니다. 또한 나에게 해를 끼치는 억압적인 시스템은 숙련된 해양 포유류(나는 아주 초기의 여정에 있는 초보 해양 포유류입니다)에게도 해를 끼치지만 우리가 같은 경험을 하는 건 아닙니다. 물론 공통점이 있긴 하지만 우리와 너무 닮았다는 이유로 해양 포유류를 향한 공감을 요청하는 책이 아닙니다. 대신 누가 누구인지, 언제, 누구에게 말하는지를 둘러싼 친밀감과 의도적인 모호함은 인간에 대한 정의^{definition}를 무너뜨리기 위한 장치입니다. 인간에 대한 정의는 너무나 분리와 지배로 얽혀 있어 우리의 삶을 지구와 양립할 수 없게 하죠.

해양 포유류 수습생으로서 나의 임무는 이 숙련된 해양 포유류의 안내 앞에 나 자신을 개방하고 그들과 동일시하는 일입니다. 숙련된 해양 포유류의 관계, 가능성, 실천에서 영감을 받아 나의 관계, 가능성, 실천을 다시 생각하고 다시 느낄 때 어떤 일이 일어나는지 보는 거죠. 바로 창발적 전략입니다. 나무의 지하 통신, 민들레의 회복탄력성, 반응성 균사체 네트워크가 우리에게 종 내부와 종을 넘어 서로 다른 방식으로 관계 맺도록 영감을 줄 수 있다면 해양 포유류도 그럴 수 있습니다. 정말 시급한 일이죠. 나는 이 글에서 주로 나 자신과 이 글을 읽는 당신에게 질문하고 있습니다. 여기에서(그리고 여기, 또 여기에서도) 무엇이 가능한지 계속 생각해야 합니다.

나는 해양 포유류가 어떤 퀴어함과 사나움을 가졌는지, 어떻게 서로를 지키는지, 얼마나 복잡한지, 갈등을 통해 무엇을 형성하는지, 우리 종이 바다와 우리 자신을 상대로 만든 착취적이고 군사화된 환경에서 살아남기 위해 어떻게 투쟁하고 있는지를 알아챌 수밖에 없었습니다. 그렇기에 이 책은 지구에서 살아간다는 것의 의미를 변화시키고자 하는 운동에 함께 합니다. 흑인 해방, 퀴어 해방, 장애 정의, 경제 정의, 인종 정의, 젠더 정의를 위한 운동이 이 책이 담고 있는 명상의 핵심입니다. 그러나 이 책은 여전히 명상입니다. 이 명상들은 특정한 의제나 정해진 지침을 제시하는 대신, 함께 고민하며 깊은 연대로 나아갈 수 있는 질문의 공간을 열어 줍니다. 맞아요, 계속 진행 중입니다.

이 책은 해양 포유류(그리고 몇몇 상어)에게 배움으로써 영감을 얻거나 변형될 수 있는 숨쉬기, 기억하기, 협력하기 등 흑인 페미니스트의 핵심적인 실천을 다루고, 서론 및 열아홉 개의 주제별 운동('장chapter'이라는 단어는 너무 선형적이에요. 어쨌든 '장'보다 훨씬 짧습니다)으로 구성되어 있습니다. 내가 소셜 미디어에 올릴 때 사용했던 해시태그 중 일부는 이 책의 참고문헌이나 주석으로 남아 있습니다. 이 책은 여기 수록된 명상으로 시도할 수 있는 몇 가지 개인 또는 단체 활동을 안내하는 '활동'으로 끝납니다.

내 소개를 했나요?

아, 맞아요. 나는 퀴어 흑인 페미니스트 사랑 전도사이자 해양 포유류 수습생입니다. 내가 거쳐 온 공식 교육 과정과 대부분의 멘토 경험은 당연하게도 퀴어 흑인 페미니즘의 영역에서 이루어졌습니다. 나의 시적 학술 작업인 『유출: 흑인 페미니스트 탈주자의 장면들Spill: Scenes of Black Feminist Fugitivity』 『엠-아카이브: 세상의 끝 이후M-archive: After the End of the World』 『더브: 의식 찾기Dub: Finding Ceremony』는 모두 흑인 페미니스트 이론가들(그리고 '심오한' 이론가들)의 작업을 공동체 기억, 공상적 미래, 선조에 귀기울이기라는 접근 가능한 (그러나 여전히 복잡하고 불가사의한) 영역으로 끌어들인 책입니다. 운동에 관한 글들, 특히 마이아 윌리암스Mai'a Williams, 차이나 마르텐스China Martens와 함께 편집한 『혁명적 보살핌: 최전선의 사랑Revolutionary Mothering: Love on the Front Line』 『메이크/시프트Make/Shift』와 잡지 『레프트 턴Left Turn』에 수년간 기고한 글들, AK출판사의 책(『즐거움 행동주의Pleasure Activism』 『고체로 있기Stay Solid』 『친애하는 자매에게Dear Sister』 『움직이는 페미니즘Feminisms in Motion』 『옥타비아의 아이들Octavia's Brood』 등)에 실린 여러 편의 글은 지금 우리에게 필요한 용기를 키우기 위해 흑인 페미니스트 실천의 아카이브를 활용합니다. 나의 창작 활동은 시에서 예언적 소설에 이르기까지 다양합니다. 『옥타비아의 아이들』에 수록된 「증거Evidence」라는 작품은 미래 연구자가 '침묵이 깨지는 시간'을 연구하고 성폭력 없는 세상이 어떻게 생겨 났는지를 상상하는 이야기입니다. 또한 『이상한 지평선Strange Horizons』에 수록된 「블루벨로우Bluebellow」에서는 중간항로에서 생존한 인어 좀비들이 대서양을 역으로 횡단해 유럽으로 여정을 떠나는 흑인들과 연결되는 상상을 합니다.

나의 운동 작업은 시, 의식, 소통에 초점을 맞춰 왔습니다. 나는 젠더화된 폭력을 종식하고 지속적이고 변혁적인 사랑을 만들기 위한 유색인종 여성 생존자 주도의 연합체인 우분투UBUNTU와 노스캐롤라이나주 더럼의 어스시드 피플 오브 컬러 랜드 콜렉티브Earthseed People of Color Land Collective의 창립 회원입니다. 서더너스 온 뉴 그라운드Southerners on New Ground의 회원 리더이며 킨드레드 힐링 저스티스Kindred Healing Justice의 창립 비전 서클 회원이자 변혁적 지역 재단인 워리어 힐러 오거나이징 트러스트Warrior Healers Organizing Trust의 창립 회원이고 스피릿하우스SpiritHouse의 회원이기도 합니다. 내가 운동에 참여하는 건 미국 남부와 그 밖의 흑인 퀴어 몽상가들에 대한 책임이 있기 때문입니다. 이터널 서머 오브 더 블랙 페미니스트 마인드Eternal Summer of the Black Feminist Mind, 브릴리언스 리마스터드Brilliance Remastered의 창립자이자 블랙 페미니스트 북모바일Black Feminist Bookmobile, 블랙 페미니스트 필름 스쿨Black Feminist Film School, 흑인 퀴어의 탁월함을 모아 놓은 실험적 아카이브 모바일 홈커밍the Mobile Homecoming의 공동 창립자로서 나는 시간과 공간을 넘어 흑인 페미니스트 존재를 돕는 대항-기관을 만들기 위해 애쓰고 있습니다.

생태학이란 무엇일까요?

이 책은 이미 친족 작업의 생태학 속에 존재합니다. 우선 나는 수세기 동안 대서양긴수염고래와 신성한 관계를 맺어온 시네콕 선주민 선조들, 고래의 이름을 신의 이름 중 하나로 부르던 아샨티 선조들의 생태학 속에 존재합니다. 나의 할머니 리디아 검스[Lydia Gumbs]는 1967년 혁명 당시 앵귈라의 혁명 깃발을 위해 세 마리 돌고래가 그려진 휘장을 만들었지요. 이 책은 창발적 전략의 작은 사촌이며, 사랑하는 자매 에이드리언이 자연에서 배운 혁명적이고 겸허한 접근 방식을 모델 삼아 길러졌습니다. 사실 나는 이 게시물들을 페이스북의 창발적 전략 그룹에 처음 공유했습니다. 훌륭한 포크 가수 토시 레이곤[Toshi Reagon]은 이 명상 중 열한 개를 오디오 버전으로 제작했고, 이와 함께 발표될 「긴 물의 노래[Long Water Song]」라는 놀라운 곡도 만들었습니다. 이 실천은 샤론 브리지포스[Sharon Bridgforth]의 바다 오라클 카드(다트 블랙 머메이드 맨 레이디[dat Black Mermaid Man Lady]), 바다의 자비 시리즈인 뎀 블레싱[dem blessings] 카드를 매일 접하며 영향받았어요. 매일 이 오라클 세트가 깊은 경청을 위한 분위기를 조성합니다. 각 게시물의 말미에서는 나의 자매이자 공동 작업자인 미카엘라 해리슨[Michaela Harrison]의 고래 속삭임 프로젝트[Whale Whispering Project]를 독려했습니다. 이 사업은 미카엘라가 브라질 바이아에 있는 혹등고래연구소와 함께 기획한 흑인 페미니스트 협업 프로젝트로, 수중 마이크 기술을 활용해 고래들과 공동 작곡하는 작업입니다. 이 과정에서 떠오른 생명과학적 접근 방식은 친애하는 자매이자 우분투의 창립 멤버 동료인 크리티 샤르마Kriti Sharma에게서 큰 영감을 얻었고요. 크리티는 생물학자이자 철학자이며 『상호의존Interdependence』이라는 책을 썼습니다. 크리티는 첫 심해 항해 때 모든 존재를 위한 기도가 담긴 컵을 바다의 밑바닥으로 보냈습니다. 바다의 압력으로 컵이 압축되었고 크리티는 나를 위해 그 압축된 기도를 다시 가져 왔습니다. 그 이후로 이 컵은 내 제단에 놓여 있습니다. 현재 크리티는 패서디나**에서 해저 침전물이 어떻게 메탄을 처리하는지 연구하고 있습니다. 크리티는 지금 지구 온난화를 되돌릴 수 있는 열쇠를 발견하고 있을지도 모릅니다! 또한 이 과정의 씨앗을 심은 사람은 소질 있는 11세, 12세 아이들에게 중간항로를 가르친 역사학자 찰스 맥키니Charles McKinney입니다. 그는 옥타비아 버틀러의 『야생 씨앗Wild Seed』에서 주인공이 노예선에서 뛰어내려 돌고래가 되는 장면을 읽으라는 과제를 냈습니다. 나는 여전히 그 과제에 감사하고 있어요. 또한 혁명적인 항해를 통해 해양 정의를 상상하는 세일링 포 소셜 저스티스Sailing for Social Justice의 창립자이자 나와 비슷한 꿈을 꾸는, 자칭 해양 생물인 탈라 칸말렉Tala Khanmalek에게서 많은 영향과 영감을 받았습니다. 해양 동물과의 이러한 친밀감은 나의 쌍둥이

** Pasadena. 미국 캘리포니아주의 도시로 옥타비아 버틀러의 고향이자 마지막 안식처.

영혼 레아 락시미 피에프즈나-사마라시나[Leah Lakshmi Piepzna-Samarasinha]와 펨 샤크 콜렉티브[the Femme Shark collective]의 잡지들과 선언문[menifesta], 큐오-리 드리스킬[Qwo-li Driskill]의 황소상어 매니페스토의 영향입니다. 곧 보게 되겠지만 슬그머니 끼어든 상어 몇 마리도 이 해양 포유류 여정에 함께하고 있습니다.

누구를 위한 책일까요?

당신이요! 흑인 퀴어 여성들이 풍요롭고, 표현하고, 삶을 사랑하는 세상은 모두가 자유로운 세상임을 아는 모든 사람을 위한 책입니다. 대부분이 이 책을 처음부터 끝까지 읽지는 않겠지만 혹시 모르니 흑인 페미니스트/해양 포유류 흐름의 원칙에 따라 정리해 보았습니다. 나는 사람들이 매일 명상 실천의 일환으로 한 번에 한 가지의 명상을 할 거라고 생각합니다. 지금까지 강연에서 만났던 사람들은 이 명상으로 하루를 시작하거나 이 글을 글쓰기의 출발점으로 삼은 적이 있다고 이야기해 주었지요. 친구들과 사랑을 주고받는 편지에 활용하거나 자신의 책임을 일깨우는 용도로 사용했다고 말해 주었습니다. 나는 앨라이드 미디어 콘퍼런스[Allied Media Conference]에 참여하고 『메이크/시프트』와 『레프트 턴』을 읽는, 소셜 미디어를 활발하게 사용하는 동지들을 염두에 두고 이 글을 썼습니다. 해안가에 살면서 당신이 찾은 고래 뼈를 궁금해하는, 꿈꾸는 이들을 생각하며 썼습니다. 심해의 생태와 이를 존중하기 위해 유엔^{UN}에서 로비 활동을 하는 사람들을 생각하며 썼습니다. 매일 뉴스를 보며 눈물을 참기 어려운 사람들, 자연과 단절되었음을 느끼는 사람들, 삶에서 자연을 중시하는 사람들, 기후위기를 우려하는 우리, 오랫동안 소셜 미디어를 끊고 평화롭길 원하는 우리, 해양 포유류 사진을 보는 우리의 행동이 경제 정의를 위한 일과 완전히 별개라고 생각했던 당신과 나를 위해 썼습니다. 우리 모두를 위한 글입니다. 당신은 내 생각과 마음 속에 있습니다.

이 책에서 '검은^{Black}'이라는 단어는 대문자로 표기되어 있습니다. 흑인 작가와 편집자들의 수십 년에 걸친 노력 덕에 일반적으로 흑인을 지칭할 때는 대문자 표기, 색을 뜻하거나 형용사로 사용할 때는 소문자 표기가 관례로 자리 잡았습니다. 하지만 검다는 것^{Blackness}은 인간보다 더 포괄적인 개념입니다. 이 사회에서 검정이라는 용어에 대한 상징적, 묘사적 언설 중 흑인의 삶에 영향을 미치지 않은 건 없습니다. 따라서 검정은 흑인입니다.

1. 듣기

어떻게 종, 멸종, 해로움을 가로질러 들을 수 있을까요? 소리의 튕김으로 세계를 탐색하는 많은 해양 포유류의 반향정위^{echolocation}는 '시각'과 시각적 행위에 대한 우리의 이해를 어떻게 변화시킬까요? 이미 소셜 미디어는 무언가를 던지고 무엇이 돌아오는지를 지켜보는 튕김의 기술인 걸까요?

여기에서 우리는 종을 초월한 교류를 시작하며, 보여주고 증명하고 말하는 연습보다 잘 듣는 연습을 고양하는 공간을 열어 갑니다. 듣기는 단순히 일반적인 듣기 능력을 말하는 게 아니라 마음을 가라앉히고 집중하는 혁신적이고 혁명적인 자원을 가리킵니다.

먼 옛날, 무게가 23톤에 달하는 거대한 해양 포유류가 베링해에서 헤엄치고 있었습니다. 1741년 동물학자가 현대의 매너티보다 세 배 이상 큰 바다소인 하이드로다말리스 기가스*Hydrodamalis gigas*˙가 거대하고 우아하게

---

* 일반명 스텔러바다소(Steller's sea cow).

헤엄치는 걸 '발견'했습니다.[**] 그 후 이들은 모피와 바다 표범의 가죽을 얻으려는 유럽인들의 수천 번의 항해 과정에서 살해되어 27년 만에 멸종했습니다.

그녀도 우리가 아는 내용을 알고 있죠. 발견되는 건 곧 위험이라는 걸요.

27년. 서구인 중 27년밖에 견딜 수 없었던 이들은 누군가요? 지미 헨드릭스[Jimi Hendrix], 장 미셸 바스키아[Jean-Michel Basquiat], 에이미 와인하우스[Amy Winehouse]와 커트 코베인[Kurt Cobain]. 27년은 아주 짧은 시간입니다. 우리는 널리 알려짐으로써 겪는 폭력을 어떻게 애도하고 그로부터 살아남을 수 있을까요? 어떻게 자본주의는 수십억 년에 걸쳐 진화한 것들을 그토록 빠르게 파괴해 버릴 수 있는 걸까요?

코끼리와 땅돼지, 그러니까 아유제류[***]에 관해 우리가 무엇을 알고 있을까요?

그녀는 지방을 갖고 있는 탓에 사냥당했습니다. 사람들은 그녀가 노래 부르지 못한다고 했죠. 그녀의 유일한 소리는 숨소리였어요. 그녀는 수 킬로미터의 거리를 듣는 능력이 있었습니다. 이는 얼마나 큰 듣기의 상실인가요. 당신의 숨이 담긴 기록을 어떻게 기리면 좋을까요?

[**]   1741년 동물학자 게오르크 빌헬름 슈텔러(Georg Wilhelm Steller)가 이끄는 북극 탐험대가 베링해를 지나다 거대한 바다소를 발견하고 사냥했다. 그의 이름을 따서 스텔러바다소(Steller's sea cow)라는 이름이 붙었다. 저자는 사냥꾼의 이름을 딴 그 이름을 쓰지 않겠다고 말한다. 계속해서 동물의 학명 또는 별칭을 사용하는 이유다.

[***]   subungulate mammal. 발굽 달린 포유류인 유제류의 일부.

어떤 이들은 당신의 죽음이 그저 우연일 뿐이라 말합니다. 러시아와 북미 사이를 오가는 모피 상인, 바다표범 사냥꾼들이 즐겨 다니는 길목에 당신이 있었기 때문이라고요. 그 27년이란 시간은 모피 모자와 코트 유행에 열광하는 유럽인의 욕망 골드러시와도 같았습니다. 북미를 식민지로 삼으며 촉발된 패션 유행은 아무래도 끝없이 공급된 모피로 만들어진 것들이죠. 유럽인들은 바다표범 가죽과 모피를 구하러 가는 길이었습니다. 그들은 여정 중에 당신을 죽이고 먹었습니다. 그러면 누군가의 기분이 좋아질까요? 누군가를 따뜻하게 해 줄까요? 인간이 저지른 해양 포유류 멸종의 최초 사례인 당신의 멸종이, 다른 죽음들을 저지르는 과정에서 부수적으로 일어난 결과였다는 걸 알고 있나요?

오, 거침없는 언어, 당신은 우리에게 숨쉬기에 관해 무엇을 가르쳐 줄 건가요? 굳센 채식주의자여, 우리의 듣기는 아주 작아졌으니 이제 어떻게 해야 하나요? 내 생각에 당신은 피부가 값비싸게 팔리는 세계의 암울함을 보여 주는 증거 이상입니다. 당신은 유럽 항해의 냉혹한 함의를 보여 주는 또 다른 증거 그 이상입니다. 수요 급증의 폐단, 그 이상이죠. 빠르고 무분별하게 지구를 영원히 변화시키는 지배적 삶의 방식의 어리석음 이상이에요. 생계가 아닌 다른 것을 쫓는 데서 비롯된, 만족을 모르는 허기로 인한 황폐 이상이고요. 그 허기는 당신보다 오래 살아남았습니다. 나 또한 그 허기가 언제나 나를 쫓고 있다고 느낍니다.

이미 늦었지만, 당신을 어떻게 기리면 좋을까요?

내 피부의 거칠기, 경계의 두터움, 지방의 따뜻함으로 당신을 기리겠습니다. 침묵과 호흡, 더 멀리, 더 깊게 듣기로 당신을 기리겠습니다. 명상적이고 우아한, 움직임의 느림을 통해 당신을 기리겠습니다. 구식이라는 소리를 듣더라도 당신처럼 되려고 노력하겠습니다. 당신을 기억할 거예요. 여러 세대에 걸쳐 선주민들과 이미 관계 맺고 있던 당신을 '발견'했다고 말하는 이들이 부르는 (소유격으로 쓰인) 이름을 사용하지 않으면서요.

먼 옛날 거대하고 조용하게 수영하던 초식의 존재, 꺼끌꺼끌한 피부를 가진 듣는 존재, 뚱뚱하고 우아한 포유류가 있었다고 말할 겁니다. 그런 다음 당신의 숨소리를 들을 수 있게 고요히 있겠습니다. 그러면 나는 숨을 쉴 테고 당신은 내게 서두르지 말라고 하겠지요. 내 안의 시간은 조용해질 거예요. 그런 다음에 우리는 진짜로 귀 기울이게 되겠죠.

지난 20년 동안 생물음향학 연구자들은 다양한 남방큰돌고래의 소리를 들으며 긴 시간을 보냈습니다. 이 돌고래들은 대부분이 그렇듯 의도적인 소리에 관해 뭔가 알고 있습니다. 자신들의 위치 파악을 위해 고주파를 사용해야 하는 때와, 주변 소음을 뚫고 당신에게 도달하기 위해 저주파를 사용해야 하는 때에 관해서요. 반향정

위와 의사소통은 중첩되기도 하지만 다르게 작동하기도 합니다. 때로는 주위를 파악하기 위해 소리를 냅니다. 때로는 내가 당신에게 해야 할 말이 있을 때도 소리를 냅니다. 대개는 둘다 하려고 하죠. 돌고래는 이마에 있는 지방을 이용해 생체음파 청취를 조절하는데, 내가 당신과 하는 것만큼이나 고상하게 들립니다.

때로는 당신과 물속에서 대화하는 기분이 들어요. 나의 말하기는 말이라는 행위로 배운 것보다 더 오랫동안 영향을 미칩니다. 주변 소음이 점점 커지고 바다가 뜨거워지면 해저 바닥이 어디인지, 무엇이 우리의 먹이가 될지, 상어가 얼마나 가까이 있는지 알려 줘야 합니다. 가끔은 짐작이 낙담으로 되돌아올 때가 있는데, 그럴 때 나는 아무것도 모른다는 걸 기억해요. 이처럼 역동적인 공간에서, 이 통통한 이마에게는 당신과 당신의 모든 짐작이 필요합니다.

겸허하게 들으며 주파수를 책임지는 방법을 배우고 있습니다. 당신에게 닿기 위해 주파수를 낮출 수 있어요. 말하기 전에 성찰할 수 있습니다. 반향정위는 독심술과 다릅니다. 대체로 이 마법은 소리 속에 살아가는 포유류의 복잡성에서 나옵니다. 아직 보지 못한 걸 들을 수 있어요. 공명의 세계를 만들 수 있습니다. 그리고 그 안에 살아요. 그 속에서 헤엄칩니다. 당신의 반향을 일으킵니다. 내 존재가 느껴진다면 휘슬음과 클릭음****을 내세요.

**** 고래, 돌고래가 물체 탐지 또는 의사소통을 위해 사용하는 소리.

강돌고래는 바다 돌고래만큼 많이 뛰어오르지 않는다고 해요.***** 거세게 흐르는 탁한 물살 때문에 자기의 시각을 믿을 수 없기 때문입니다. 그들의 눈은 점차 작아집니다. 반향정위가 중요해집니다. 듣기는 점점 더 미묘해집니다. 그들은 형태의 전문가가 되어 강물처럼 앞으로 뻗어 나가기 위해 몸을 좁게 만듭니다. 갠지스강, 아마존강 등에 사는 전 세계의 강돌고래는 유전적으로 서로 가깝지 않습니다. 그러나 신체적으로는 놀라울 정도의 유사성을 띱니다. 공통 환경에서 공통 형태로 성장한 것이지요.

 당신도 그런 방식으로 성장했나요? 너무나 빠르게 변화하는 환경 속에서는 알 수 있는 게 거의 없습니다. 당신은 당신이 있는 곳에서 더 깊은 듣기의 방식으로 진화해 가고 있나요? 당신이 있는 강과 내가 있는 강이 다르더라도, 우리는 상황에 따라 우아하고 유연하게 움직일 수 있을 만큼 정교한 형태를 구현하는 학생이 될 수 있을까요?

 듣는 일이 얼마나 많은 걸 할 수 있는지 알고서 놀랐습니다. 눈에 띄고, 도약하고, 보여 주는 일이 얼마나 빠르게 덜 중요해지는지도요. 강돌고래를 연구하는 사람

***** 전 세계에 90여 종의 고래류가 있다. 바다가 아닌 강에서 사는 돌고래도 있는데, 갠지스강, 인더스강, 아마존강, 양쯔강 등에 서식한다.

들도 이 사실을 알고 있습니다. 강돌고래는 뛰어오르거나 물 위로 첨벙 떨어지는 행동을 거의 하지 않으니, 이 선생님들을 찾으려 애쓰지 마시기를. 그저 귀를 기울이고 그들의 숨소리를 들어야 합니다.

나는 형태에 맞춰 숨을 쉬어요. 땅이 양쪽에서 내 윤곽을 그리는 동안 나는 하루를 설계합니다. 나는 구불구불한 길을 지나가기 위해 내 숨의 모양을 만듭니다. 숨의 목적에 맞게 내 머리의 모양을 잡습니다. 내 숨은 기도이자 삶의 모양이며 진화하는 이름입니다. 내가 볼 수 있는 건 삶의 움직임이라는 희미함뿐입니다. 나는 기도하며 당신의 숨소리를 듣기 위해 다가갑니다.

아오테아로아 해안에서만 발견되는 돌고래가 있어요. 마오리족은 이 돌고래를 '투푸푸^{tūpoupou}'라 부릅니다. 이 단어에는 '떠오르다' '뒤척이다' '심한 병에 걸리다'라는 의미도 있습니다. 마오리족 기상학자들은 날씨를 살피기 위해 수세기 동안 이 돌고래를 연구해 왔다고 합니다. 우리가 무엇을 견뎌야 하며 언제까지 그래야 하는지. 바다로 나가야 할지 집에 머물러야 할지. 언젠가 하늘이 우리에게 떨어질지. 바람이 우리를 어디로 데려갈지.

서구 과학자들은 투푸푸의 뛰어오름을 수평, 수직, 시끄러움으로 분류했습니다. 시끄러움은 옆으로, 등으로, 배로 착지하는 걸 말해요. 당신이 떠오르고, 뒤척이고, 떨어지는 순간 바다는 북이 됩니다. 당신이 움직이고 착지하는 모습은 앞으로 다가올 날씨를 알려주는 신호이기에 누군가 이 소리를 듣고 있습니다.

당신은 떠오릅니다. 큰 소리를 내며 떨어집니다. 뒤척입니다. 이 기후의 어떤 부분이 당신을 아프게 합니다. 그렇지 않나요? 나도 듣고 있습니다. 당신이 하는 행동과 방향 때문에. 어떻게 떨어지고 어떤 소리가 나는지. 어디로 얼마나 빨리 가는지. 아직 내가 볼 수 없는 하늘에서 무엇이 오고 있는지 말해 줍니다.

나는 당신의 모든 물보라를 사랑합니다. 당신이 몸으로 해낸 일과 당신이 만든 북도요. 나는 당신의 움직임과 물장구가 예언적이라 말합니다. 나는 당신의 이름이 동사이자 요청이라 말합니다. 나는 당신의 절박한 가르침에 하루를 바칩니다. 날씨가 변하고 있습니다. 그래요, 이해하고 있습니다.[7]

2. 숨쉬기

호흡은 존재를 위한 실천입니다. 해양 포유류와 우리를 하나로 이어 주는 신체적 특징 중 하나는 우리가 비슷한 방식으로 공기를 처리한다는 점입니다. 그들은 대부분 또는 모든 시간을 물속에서 보내지만 아가미가 없습니다. 육지에 사는 우리도 때때로 숨을 들이마시기 어려워 보이는 상황에 놓이더라도 숨을 쉬어야 합니다. 해양 포유류가 호흡하기 위해 형성해 온 적응은 우리가 가장 의미 있게 관찰해야 하는 부분 중 하나입니다. 이는 우리가 오염된 지구 대기에서 살아남아야 하기 때문만이 아니라 우리의 의식적인 삶, 서로를 염두에 두는 마음의 관계와 얽혀 있기 때문입니다.

외뿔고래, 흰고래, 북극고래가 북극에서 숨 쉬는 여러 방법, 아기 바다표범이 유아기에 호흡을 새롭게 배우는 과정, 멸종 위기에 처한 북대서양긴수염고래와 나의 시네콕*과 노예 선조들 사이의 관계, 흑기흉상어의 기습 방문에 관한 명상을 통해 우리 호흡을 방해하는 요인, 호

---

* Shinnecock. 미국 뉴욕주 롱아일랜드의 선주민.

흡보다 이윤을 우선시하는 사회의 이해관계 등을 다룹니다. 우리의 호흡이 평화의 가능성을 열어주기를.

북극에서 숨 쉬기 위한 여러 방법이 있습니다. 외뿔고래, 흰고래, 북극고래에게 물어보세요.

흰고래는 외형을 얼음처럼 바꾸도록 진화했고 강이 바다로 흘러드는 얕은 어귀에 모여 노래합니다.

외뿔고래는 더 깊은 물속에서, 흘러 다니는 얼음덩어리 가까운 곳에 머무르며 얼음을 뚫기 위해 뿔을 키우고 평생 색깔을 바꿉니다. 이빨은 필요 없습니다. 오직 뿔 하나면 됩니다.

클수록 좋다고 말하는 북극고래는 혼자 움직입니다. 맨머리로 얼음을 깰 수 있을 만큼 강하고, 이 모든 일이 있기 전을 기억할 만큼 나이가 많습니다. 결코 성장을 멈추지 않습니다.

당신은 어떤가요? 차가운 심해나 여름 더위 속에서도 숨을 쉬는 여러 방법이 있음을 기억해야 할 때일지도 모릅니다. 북극곰과 작살뿐 아니라 다른 위협들이 도사리고 있는 상황에서 진화해 왔다는 사실에, 당신의 선조들에게 감사하기 위해서요. 어떻게 변화하고 싶은지, 어떻게 성장하고 싶은지, 무엇을 기억해야 할지를 생각하기 위해서요.

나는 어떤가요? 내가 언제나 사랑한 건 당신의 우아한 전략이 아니라 당신이었습니다. 그 이상 성장하더라도 여전히 당신을 사랑할 거예요. 시간이 전진하든 후진하든 당신을 더 좋아할 거예요. 얼음이 녹든 물이 다시 얼든 상관없어요. 당신의 다음 움직임이 방어, 돌파, 변화이거나 그 어떤 조합이든 말이에요. 당신을 사랑할 적어도 세 가지 방법이 있습니다. 과거의 당신, 지금의 당신, 앞으로의 당신을 사랑하는 거예요. 당신을 사랑합니다. 세 가지 당신을 모두 선택한다는 뜻입니다.

아기 웨델물범은 지느러미 발이 아직 다 자라지 않았습니다. 어색해합니다. 그녀는 수영하고 싶지 않습니다. 물속에서 숨을 쉴 수 있다는 걸 모르고 있습니다. 그녀의 피가 가진 엄청난 산소 공급능력에 대해 아무도 말해 주지 않았습니다. 엄마가 주는 젖이 세상에서 가장 지방이 풍부한 젖이라는 걸 모르죠. 지구 최남단에 사는 포유류인 그녀는 자신이 얼마나 깊이 잠수할 수 있는지 몰라요. 하지만 그녀의 엄마는 알고 있습니다.

엄마 웨델물범은 자신의 의지에 반하여 아이를 물속으로 밀어 넣습니다. 아이가 기침하고 격렬한 소리를 내며 허우적거리고 꿈틀거리는 동안 엄마는 아이의 머리를 강제로 물속으로 밀어 넣습니다. 아이는 여기에 처음 왔습니다. 그녀는 물속에서 숨 쉴 수 있다는 사실을 모릅니다. 스스로 숨 쉬기 전까지는요. 그 후로는 모든 게 바뀌겠지요. 젖을 뗄 즈음에는 760미터 아래까지 잠수할 수 있게 됩니다. 원한다면 1시간 동안 머물기도 하지요. 12킬로미터를 헤엄친 후 숨을 쉬기 위해 만든 작은 구멍을 찾습니다. 얼음과 액체의 세계 사이를 유려하게 이동합니다. 하지만 그녀는 모릅니다.

진화 과정이 이미 내 안에 새겨져 있다는 걸 모른 채, 내가 생각했던 나로 남아 있기 위해 기침하고 격렬한 소리를 내고 허우적거리고 꾸물거리며 몸부림치고 있는 건 나뿐인가요? 내 능력 밖의 일인 것 같을 때도, 사실 제가 어떻게 알겠어요?

엄마 웨델물범의 강인한 사랑은 무엇이 귀엽고 무엇이 필요한지를 가르는 차이에 대한 교훈을 줍니다. 지금까지는 어떠했고 앞으로는 어떨 수 있을지에 대해서도요. 내 능력을 알 수 있도록 내게 충격을 주고 나보다 더 나의 폐를 신뢰해 준 혈연, 비혈연, 선조, 포유류와 그 외의 생물(어젯밤 나를 맞이해 준 구리머리살모사도) 등 나의 모든 어머니에게 감사합니다. 지금까지 해 오지 않았던 방식으로 숨 쉬기 위해. 내가 몰랐던 방식으로 내 피를 배우기 위해.

웨델물범은 성장하면서 털이 빠지고 매끈해집니다. 피하곤 했던 바다에서 집처럼 완전한 편안함을 느낍니다. 그녀는 다른 포유류들이 느껴 본 적 없는 것들을 보고 느낄 거예요. 하지만 지금은 기침하고 성난 소리를 내며 자기가 알고 있던 부분에 매달립니다. 물에 빠져 죽을 것 같은 느낌이 듭니다. 하지만 그녀는 자기 자신과 처음으로 다시 만나고 있을 뿐입니다.

나의 모든 부모님들과 비웃음으로 나를 독려해 준 우주를 사랑합니다. 이미 이 생을 벗어났을지라도 관문을 통과해 간 이들에게 감사합니다. 우리는 세계 사이를 이동할 수 있습니다. 새로움에 대한 당신의 취약성이 우리에게 귀감이 되기에 당신의 삶과 진화에 감사합니다. 나에게 책임을 지우고 내가 되어야 할 사람이 되기를 기대하는 분들께 감사합니다. 내가 나에게 하는, 나에 대한 거짓말을 무시해 주어서 감사합니다. 저항하고 있을지라도 나는, 여러분 모두에게 고맙습니다. 나에게 깊고, 검고, 충만한 사랑을 가르쳐 주어 고마워요. 돌봄과 격려를 보내 주고 모범이 되어 주어 감사합니다. 당신이 자신의 죽음과 마주하며 배운 것. 당신이 익사하며 배운 것. 그것이 나의 호흡입니다.[8]

브리지햄프턴 해변에 발 디딘 순간 한 마리 고래가 수면 위로 올라와 숨을 내쉬었습니다. 점령된 신성한 시네콕의 땅 위에 서 있던 나는 그 고래가 긴수염고래인지 혹등고래인지 알 수 없었지만 마음속으론 북대서양긴수염고래일지도 모른다고 생각했습니다. 바다에서 가장 희귀한 긴수염고래는 말 그대로 식민 사업의 땔감이 되어 거의 멸종될 정도로 사냥당했거든요. 고래 지방과 불빛을 제공한 거죠.

예전의 참고래는 한 세기 동안 숨을 쉴 수 있었습니다. 이제 그런 일은 절대 일어나지 않습니다. 보트 프로펠러나 뒤얽힌 산업용 밧줄 때문에 생긴 상처가 없는 상태로 5년을 살아남는 경우도 드물어졌습니다. 그럴 필요는 없었습니다. 보트는 쉽게 경로를 바꾸고 속도를 늦출 수 있으니까요. 필요한 건 무엇일까요? 호흡입니다. 사실 우리보다 그들의 호흡이 중요합니다. 우리의 호흡과 지구의 탄소 순환을 위해 고래의 호흡이 전 세계의 숲만큼이나 중요하다는 걸 어제 배웠습니다. 연구자들은 고래의 수가 상업적 포경 시절 이전으로 돌아간다면, 그들의 거대한 호흡을 통해 1,100제곱킬로미터의 숲, 즉 로키산맥국립공원 크기의 숲과 맞먹는 양의 탄소를 저장할 수 있다고 말합니다.

나의 선조처럼 시네콕은 지금도, 그리고 영원히 북대서양긴수염고래와 신성한 관계를 맺습니다. 수 세기에 걸친 듣기. 한때는 뭍으로 온 참고래가 공동체 전체를 위한 제물이 되었습니다. 영양가와 빛, 쉼터와 온기를 주었죠. 하지만 해안가에 있던 그날, 시인 캐시 엥겔Kathy Engel은 이번 여름을 포함해 그 해변에서 살아온 60년간 참고래를 본 적이 없다고 했습니다. 글쓰기로 그들을 불러낸 건가요? 온라인상에서 그녀가 내게 물었습니다.

네. 계속 불렀죠. 내 피와 호흡으로요. 당신이 우리에게 준 모든 걸 기억해요. 빛과 집, 서로를요. 사랑, 온기, 우리 자신을요. 숨을 쉬며 당신 이름을 부릅니다. 당신 덕에 숨을 쉴 수 있습니다. 당신은 한 세기 더 숨쉴 수 있을까요? 어렵다면, 내가 무엇을 해야 할까요?

집은 밝지만 상실은 무겁죠. 나는 당신 없이 살 수 없어요. 내가 왜 당신 없이 살고 싶겠어요? 나는 세기의 집

사이자 공기의 전환자인 당신이 내게 줄 메시지와 임무를 기다리고 있습니다. 빚짐과 감사, 신뢰와 조류 속에서요. 나는 당신을 보고 있어요. 당신을 듣고 있습니다. 나는 압니다. 당신이 가르쳐 준 심연에 내 숨을 바칩니다. 지금도 당신이 가르쳐 주고 있는 곳에.

"괜찮아요."

해안가로 올라와 내 산책에 동행한 어린 흑기흉상어가 이렇게 말했습니다.

"여기서 뭐하는 건가요?" 내가 되물었어요. "내가 상어가 아닌 해양 포유류에 관해 쓰고 있다는 건 모두가 알아요. 이건 당신의 이야기이기도 한가요?"

그녀는 물속에서 심호흡했습니다. 질투가 났어요. 나도 아가미가 필요할지 모른다고 생각했죠. 하지만 난 말하지 않았습니다.

"우선" 그녀가 말했습니다. "그건 흉상어과에게 인사하는 방법이 아니에요. 내 사촌들을 아나요?" 좋은 지적입니다. 가장 나쁜 축인 뱀상어와 그들. 하지만 그녀가 눈을 굴리는 걸 보니 위협하려는 게 아님을 알 수 있었습니다. 내가 잘못 생각한 걸까요?

"존중합니다." 마침내 내가 대답했습니다.

"방금 뭐였어요? 파도가 시끄럽네요. 내 귀는 파묻혀 있는 거 알잖아요……."

"대단히 존중합니다!" 나는 반복했습니다. "물속에서 숨 쉬는 살아 있는 상어, 완전히 모래빛으로 태어난 상어를 정말로 존중합니다. 아름다운 검정색 가장자리를 지닌 암초의 수호자. 상어 중에서도 특히 용감한, 물 위로 뛰어오르는 갈색 천재. 당신이 스스로 모습을 보이는 건 하늘에게 주는 선물입니다. 내게 보여 준 당신은 기대 이상이에요. 나는 당신을 섬깁니다. 난 당신에게 빚을 졌어요. 내가 뭘 해줄 수 있을까요?"

"좋아요, 그겁니다. 당신을 보호하지 못하는 그 한계를 넘어 곧 성장하길 바랍니다. 이 메시지도 꼭 전해요. 괜찮다고요."

상어가 더는 참아 주지 않을, 상어에게 가한 폭력과 소외를 정당화하기 위해 인간이 하는 세 가지 거짓말.

1. 상어는 혼자 다닌다.

의미: 예리한 개성을 키워라.

↘ 그렇지 않습니다. 흑기흉상어는 사회성이 매우 강하고 무리 속에서 안정을 찾습니다. 공동체가 더 강력한 접근법이라 할 수 있어요.

2. 상어는 숨어 있기에 더 강하고 유능하다.

의미: 당신이 전부를 보여 주면 아무도 당신을 사랑하지 않을 것이다.

ㄴ 그렇지 않습니다. 예를 들어 흑기흉상어는 사냥 중일 때도 물 밖으로 뛰어나와 공중에서 네 번이나 회전합니다.

3. 상어는 아가미를 여는 것보다 이빨을 가는 데 더 많은 시간을 쓴다.
　ㄴ 이것도 설명이 필요한가요? 숨 쉽시다.

좀 더 덧붙입니다.

상어조차 평화에게 기회를 주라고 말한다면 무언가 바뀌어야 한다는 뜻입니다. 여기 내가 기꺼이 포기할 수 있는, 우리의 진화를 위한 제물이 있습니다. 몇 가지를 소개해 볼게요. 내가 누구인지 알고 있는 예리함, 일부러 내 입에 가득 채운 무기들, 당신이 온전한 나를 필요로 할 때 극히 일부만을 보여 주던 방식, 내 이름 안에 살게 했던 거짓말, 내 호흡에 대한 평가절하.

연골을 펴고 아가미를 열어 준 여러분 하나하나를 사랑합니다. 상어들이 여전히 고수하고 있는 고대의 순환 규칙을 기억해 줘서 감사합니다. 생존해야 한다는 이유로 반드시 우리가 괴물이 될 필요가 없음을 깨달았다는 게 얼마나 축하할 일인가요. 결코 우리를 해칠 수 없는 것들을 갈기갈기 찢어 버린 우리 자신을 용서할 때. 우리가 용감한 수호자의 취약성이라는 임무 속에서 진화할 때. 우리는 날카로운 이빨에 경탄하고 소외의 극단을 미화했습니다. 우리는 두려워하는 대상을 그대로 물신화했습니다. 이제 우리는 그 안에 항상 존재하고 있던 기적을 알아차리기 위해 이곳에 모였습니다. 아가미, 힘의 투과, 모든 생명이 당신을 통해 흐르는 방식. 당신의 호흡. 우리에게 필요한 건 당신의 호흡입니다. [9]

3. 기억하기

우린 무엇을 기억하고 무엇을 잊을까요? 우리는 관찰하기 어려운 것들을 어떻게 이름 붙이고 분류하나요? 어떤 목적으로 어떤 결과를 얻지요? 예를 들어 주류 과학계에서 토착 이름으로 불리는 해양 포유류는 단 한 종뿐입니다. 억류된 인간 화물이 수송되었던 삼각형 모양의 대서양 운항 통로에는 정체를 확인하기 어려운 교잡종hybrid 돌고래가 있는 것으로 추정됩니다. 지구의 한 지역인 아주 오래된 열대우림과 이보다 더 큰 영향력을 가진 거대 기업이 '아마존amazon'이라는 도메인을 두고 다툼을 벌이고 있습니다.

소비문화와 선형적인 시간관이 부추기는 망각에 맞서기 위해 우리는 무엇을 기억해야 할까요? 역사와 잠재성의 바다 안에서 우리를 둘러싸게 될 것들 중에 무엇을 기억할 수 있을까요? 어떻게 기억해야 할까요?

예전에는 '아마존'이라는 이름이 흑인 레즈비언에게서 왔다고 생각했습니다. 그러다 아마존이 세계 각지에서 회자된 특정한 장소라는 걸 알게 됐어요. 그건 젠더와 토지에 대한 통념을 따르지 않는 이들의 맹렬함을 두려

위한 식민지 개척자들이 퍼뜨린 이야기라지요. 나는 줄곧 기뻤습니다. 그래서 확인해 보기도 했어요.

이 글을 쓰고 있는 지금, 이름을 밝히지 않아도 될 거대 유통업체가 'amazon'이라는 도메인을 둘러싼 소송에서 이기게 될 것 같아요. 열대우림 자체를 상대로 한 소송입니다. 지리적 지역 전체 말이죠. 콜롬비아가 열대우림에 권리가 있음을 인정한 게 2018년 아니었던가요?

토착 이름을 유지하며 살아가고 있는 유일한 돌고래이자 아마도 내 생각에는 유일한 해양 포유류이기도 할 존재가 아마존에 살고 있습니다. 바로 투쿠시^{Tuxuci}죠. 투피*어 이름입니다. 대부분의 해양 포유류가 최악의 상황에는 식민지 개척자의 이름을 따서 명명되고 기껏해야 특징 없는 서구식 설명으로 구성된 이름을 부여받는 반면, 투쿠시는 식민화의 모든 과정 속에서도 자기 이름을 지켰습니다. 기적이죠. 우리는 그녀의 이름을 부릅니다.

이건 내 기도입니다. 당신을 부르고자 하는 모든 사람이, 당신을 처음 사랑했던 사람들의 언어를 배워서 부르기를 바랍니다. 당신 삶의 좋은 부분을 연구하길 바랍니다. 당신의 강기슭과 해안을 알기를. 당신이 민물과 바닷물을 맛보고 당신만이 알 수 있는 부분을 알기를. 밀물과 썰물이 만나는 어귀에 살기를, 모든 축복이 당신을 통해 흐르기를.

강에서 가장 조용하고 수면 가까이에서 숨 쉬는 불가

---

* Tupi. 이 지역에 거주하는 선주민 부족의 이름.

능한 돌고래, 당신을 사랑합니다. 당신이 절대 말하지 않더라도 당신의 기억 일부에 감사합니다. 나는 강의 본질처럼, 언제나 사랑이 흐르듯이 당신의 이름을 내 입속에 간직하고 있습니다. 매일 당신의 이름을 내 입에 담아 두고 있습니다. 온종일요.[10]

2016년, 엄마 돌고래는 배 속에 아이가 있을 때부터 출산 후 몇 주까지도 아이가 자기 이름을 배울 수 있도록 노래를 불러 준다는 증거가 포함된 보고서가 발표되었습니다. 이뿐만이 아닙니다. 보고서에 의하면 돌고래 떼의 나머지 구성원들은 이를 위한 학습 공간을 마련하기 위해서 평소에 내던 다른 소리를 줄입니다.[11]

몇몇 소중한 지인이 이 내용이 담긴 글을 공유해 주었습니다. 태어나기 전 엄마가 노래를 불러 주고 말을 걸어 주었던 사람이기에 나는 이 이야기에 공감할 수 있었습니다. 흥미롭게도 여러 기사에 따르면 이 새로운 연구는 해양생물학자들의 학술대회가 아닌 2016년 8월 덴버에서 열린 미국심리학회 학술대회에서 공유되었습니다. 이 연구에는 돌고래의 종에 대한 언급은 전혀 없습니다. 이 사례가 일반적이라면 아주 좋겠습니다. 포유류라면 알 테니까요. 엄마와 아이가 노래를 부르고 이를 공동체가 경청하는 일이 깊은 갈망을 충족해 주리라는 걸요. 지지받고 이름 붙여지면서요.

지지받는다는 것. 늘 그랬듯이 나는 이 문제 속으로 깊이 침잠했습니다. 엄마 돌고래와 태중의 아기 돌고래가 부르는 노래에 관한 통찰은 특정한 맥락에서 관찰된 결과임을 알게 됐죠. 포획된 상태에서 말이죠. 식스 플래그 디스커버리 킹덤^{Six Flags Discovery Kingdom} 테마파크에서 출산한 엄마 돌고래 한 마리가 있어요. 사진만 보면 큰돌고래 같지만 홈페이지에도 종의 이름은 나오지 않습니다. 노래하는 행위, 공동체의 경청 행위가 넓은 바다가 아닌, 포획된 돌고래가 출산하는 한정된 공간에서 관찰되었다는 사실이 나에게는 중요합니다. 감옥 안에서 비밀리에 출산한 데비 아프리카^{**}의 출산 과정을 다른 여성 수감자들이 소리를 내서 숨겨준 일이 떠오릅니다. 동료 수감자들은 그녀와 아이가 며칠 동안 발각되지 않고 소중한 시간을 함께 보낼 수 있도록 도와주었습니다. 아사타 샤쿠르^{***}의 경우도 마찬가지입니다. 그녀는 정치범이라는 이유로 대부분 독방에 갇혀 있었습니다. 샤쿠르는 임신하고 딸을 낳았는데 이는 불가능에 가까운 과정이었습니다. 성난 딸의 말에 귀를 기울였고, 그녀가 자유로워질 거라 말하는 할머니의 꿈 이야기를 들었습니다. 그들은 함께일 수 있었습니다. 자유를 위해 싸우는 공동체는 그 요구와 꿈을 현실로 만들었습니다.

---

^{**}　Debbie Africa. 흑인권운동 그룹 Move9에서 활동하던 중 1978년 경찰관 살해 혐의로 임신 8개월 때 투옥되었다.

^{***}　Assata Shakur. 흑인해방운동가로서 1973년 경찰관을 사살한 혐의로 투옥되었다.

나는 미국에서 일상적으로 일어나는 감금 출산을 떠올립니다. 미국에서는 수감자의 출산을 제한하며 출산 즉시 아이를 빼앗아 갑니다. 아이가 배 속에 있을 때 그들은 무엇을 노래할까요? 국경 수용소에 갇힌 부모와 헤어진 망명 신청자의 아이들이 생각납니다. 슬픔과 상실의 합창은 중요한 정보를 공유하기 위해 어떻게 진화할까요? 부모가 감옥에 있는 오백만 명이 넘는 미국의 어린이들, 국경의 수용소에 갇혀 집계되지 않는 아이들은 어떻게 지내고 있을까요? 지지받고 있을까요? 이름 붙여졌을까요?

나는 당신이 기억하는 것들을 생각합니다. 가능한 한 오래 간직하고 있는 것들. 반복과 코드, 어떤 소통과 이유를 우리가 우선시할 때를 생각합니다. 이 혼란 속에서 우리가 어떻게 우리의 이름을 배우는지를요. 우리를 일반화하고 식별하게 만드는 일의 필요성을요. 구체적이고 모호해지는 거죠. 엄마 돌고래를, 그녀가 하고 싶었던 말을 생각합니다. 그녀만의 이름으로, 그녀만의 방식으로. 또 엄격하게 관찰되고 있는 건 무엇이 있나요?

나였다면. 당신이었다면. 내가 말할 수 있는 방식으로, 매우 짧은 시간 안에 아주 높은 음으로 말하고 싶습니다. 이 느낌을 기억하세요. 사랑이라 불리는 것이 있다는 걸요. 볼 수 없더라도 이 세상에는 자유라 불리는 것이 있음을 기억하라고 말하고 싶습니다. 내가 통제하지 않는 세상에서 당신을 부르는 내가 있습니다. 자유라 불리는 무언가가 있고 당신은 그걸 부르는 방법을 알고 있습니다. 내가 정체되어 있을 때에도, 여기서 멈춰 있을 때도 기억하고 또 기억하세요. 당신입니다. 당신은 지지 받고 있습니다. 이름 붙여졌습니다.

클리메네^{Clymene}를 들어보셨나요? 그리스 신화에 나오는 (또는 가발 브랜드로) 유명한 이름인 클리메네는 종간 혼종성^{hybridity}을 연구하는 해양생물학자들이 가장 먼저 떠올리는 돌고래의 이름이기도 합니다.

그녀는 누구일까요. 기록에서 사라진 돌고래이며, 1981년에 유일한 개체가 확인되었습니다. 1800년대 유럽인들이 처음 이 돌고래를 발견했을 때 잘못 기록했고, 이후 이 돌고래를 식별하는 데 실패해 잊혔습니다. 그녀는 어떻게 분포해 있을까요? 대서양 횡단 노예무역의 형태와 그 궤적을 그려 보면 됩니다. 서아프리카에서 카리브해, 북미, 남미까지니까요. 길이는 어떠냐고요? 노예가 된 사람의 키만 합니다. 무게는요? 노예 된 사람의 몸무게 정도 될 겁니다.

클리메네돌고래는 긴부리돌고래처럼 회전하며 움직입니다. 줄박이돌고래처럼 검은 망토를 무늬로 입고 있죠. 그녀는 어디에서 왔을까요? 그녀의 기원은 알기 어렵습니다. 약 5년 전 포르투갈에서 진행된 피부 유전자 검사에서는 연구 방법에 따라 다른 결과가 나왔어요. 양자로 된 피부이거나 입자 유전자일 리가 없는데 말이죠.

핵유전자 검사에서는 클리메네돌고래가 긴부리돌고래와 더 가까운 것처럼 나왔지만 모계 혈통만 추적한 미토콘드리아 DNA 검사에서는 줄박이돌고래와 더 가깝다고 나왔습니다. 어떻게 된 걸까요?

지금은 그녀가 둘 다라는 게 정설입니다. 클리메네돌고래는 긴부리돌고래와 줄박이돌고래의 교잡종이기 때문에 가장 최근에 진화한 돌고래일 수도 있습니다. 일반적으로 교잡종 돌고래는 부모종으로부터 분리되어야만 그 고유의 특징을 유지할 수 있습니다. 하지만 클리메네돌고래는 줄박이돌고래, 긴부리돌고래와 항상 무리 지어 헤엄치면서도 계속해서 자기 종을 낳는 데 성공했습니다. 그녀의 회전 운동. 그녀의 검은 망토. 때로는 이 두 가지 모두 필요합니다. 서아프리카에서 신대륙까지 도는 동안, 그녀의 나선형 회전과 검은 입술은 수세기에 걸쳐 눈에 띄지 않게 감춰져 있었습니다.

나의 할아버지는 그리스 신화 속 오케아니스인 클리메네의 아들 아틀라스와 자기가 똑같다고 말한 적이 있습니다. 어깨에 하늘이라는 짐을 이고 있는 강인한 인물이란 점에서요. 앵귈라의 다른 젊은이들은 그를 '세상'이라 부르곤 했는데 어쩌면 그게 수수께끼였겠죠. 아틀라스가 세상의 가장자리에 서서 지구가 부서지지 않도록 하늘을 지탱했다면, 할아버지는 자신의 가장자리에서 아주 무겁거나 하늘처럼 거룩한, 혹은 별처럼 반짝이는 무언가를 발견한 걸까요? 그는 난파선의 손녀인 어머니에게서 세상의 가장자리나 끄트머리에 대해 무엇을 배웠을까요? 여기, 카리브해의 특정 가장자리에 랑데부 베이라고 불리는 앵귈라의 굽은 해안이 있습니다. 아라와크족의 의식이 일시적으로 행해지던 고대의 유적지이자 반세기 동안 내 가족들이 우아하게 관리해 온 곳입니다. 이곳에서 할아버지가 물에 떠 있는 법을 가르쳐 줬어요. 내게 하늘을 보라고 했죠. 지금도 할아버지를 찾으러 이곳에 오곤 합니다. 그 하늘은 내가 꿈에서 그를 보는 곳입니다. 나는 여전히 무언가가 나를 지탱해 줄 수 있다는 믿음을 배우는 중입니다.

내게는 무거움을 견디는 힘이 있습니다.

오케아니스 클리메네의 아들이자 칼립소의 아빠인 티탄 아틀라스는 작은 섬에 사는 한 청년에게 흥미로운 참고 자료가 됩니다. 2019년, 칼립소의 주니어 왕인 '슈퍼 마리오Super Mario'는 "누가 나를 돌보나요?"라는 질문이 담긴 앵귈라의 소외된 청소년들에 대한 노래로 연례 대회의 우승자가 되었습니다. 배관공 영웅이자 우리의 형제나 다름없는 이탈리아인 이민자인 슈퍼 마리오도 흥미로운 참고 자료입니다. 엄마가 밀가루 포대로 만들어 준 옷을 입고 이른바 '사생아'로 자란 내 할아버지도 아마 관련이 있을 거고요. 우리는 얼마나 강해져야 하는 걸까요? 그건 우리의 기원을 어디까지 추적할 수 있을지와 관련 있을까요?

때때로 둘 다 필요합니다. 양자 유전학, 망토와 혁명, 회전하는 능력과 줄무늬 같은 신비로운 나만의 힘 말이에요. 강해지는 것과 지지받는 일 모두 필요하죠. 하늘을 하늘로 만드는 것이 세계를 세계이게 하는 것이라면 어떨까요? 하늘이 사방에서 달려와 이곳에서 우리를 만나고, 우리를 모든 곳으로 연결해 준다면 어떨까요? 바다가 내 편이라면요? 믿을 수 있을까요?

대서양을 횡단하는 클리메네, 당신은 정말 누구인가요? 당신은 노예제 폭풍 속을 떠다니는 배의 옆구리, 세계의 끝에서 무엇을 낳았나요? 회전과 망토의 마법, 전례 없이 거듭되는 당신의 유전자 혁명은 무엇인가요? 함께였으면서도 은폐되었던 당신의 여정.

당신은 당신의 가장자리에서 무엇을 찾았나요? 아, 네. 이제야 보이네요.

하늘이군요.

가장 먼저 눈에 들어온 건 이 문장이었어요. "포획된 몇몇 돌고래들은 빠른 학습 능력과 창의적인 공연으로 명성을 얻었다." 이 문장은 길쭉하게 솟은 치아와 경사진 머리를 가진 뱀머리돌고래 *Steno bredanensis*의 해양 수족관 생활을 얘기하고 있지만, 난 그들이 당신에 대해 이야기하고 있다는 생각이 들었습니다. 나에 대해서도요. 뭐든 너무나 빨리 배워야만 했던 우리의 모든 빛나는 친구들이 감금된 채 창의적인 공연을 펼치고 있대요.

계속 읽었습니다. "하와이의 씨라이프파크 Sea Life Park에서 뱀머리돌고래 엄마와 큰돌고래 아빠가 새끼를 낳았고 4년간 생존했다."이 돌고래의 수명은 32년은 되어야 합니다. 어떻게 된 걸까요? 나는 이 교잡종 돌고래를 선보이는 씨라이프파크를 조사했습니다. "홀핀^{Wholphin}"과 함께 수영할 수 있다고 홈페이지에서 광고하고 있었죠. 반은 큰돌고래고 반은 흑범고래인, 또는 고양이고래이기도 한 특별한 생명체를 보여 주면서 아이들에게 유전학을 가르친다고 말하더군요. 씨라이프파크에 포획된 돌고래 140마리가 사망했습니다. 돌고래들은 대문자로 "**미분류된 돌고래 또는 쇠돌고래**$^{UNSPECIFIED\ DOLPHIN\ OR}$ ^{PORPOISE}"라고 표시되어 있었습니다. 사망 원인도 명확하게 기재되어 있지 않았습니다. 나는 병적인 강박에 사로잡힌 것처럼 계속 파고 들어가 4년간 살았던 교잡종 아기 돌고래를 발견했습니다. 이 사망 기록에 따르면 그녀는 이름도 없이 대문자로 "**교잡종 스테노 마모**$^{HYBRID\ STENO}$ ^{MAMO}"라고만 적혀 있었습니다.

1974년 『포유류학 저널$^{Journal\ of\ Mammalogy}$』에 실린 논문에 이 포획된 돌고래의 비극적 이야기가 담겨 있습니다.[12] 그녀의 엄마는 넓은 바다에서 태어났고 1969년에 임신한 채로 포획되었습니다. 씨라이프에 잡혀 온 그녀는 도착하고 얼마 지나지 않아 유산했습니다. 그들은 그녀에게 어떤 이름을 붙였을까요? 천국의 눈이라는 뜻의 마칼라니^{Makalani}였습니다. 신이 지켜보고 있다고요. 그녀가 다시 임신했을 때, 그녀는 남성 큰돌고래 두 마리와 함께 수조에 갇혀 있었습니다. 이 논문은 이것이 번식 계획이었다기보단 수용 공간 부족 문제라고 말합니다. 하지만 누가 알겠어요. 출산 3개월 전, 씨라이프는 같은 종의 여성 돌고래 두 마리와 함께 마칼라니를 다른 수조로 옮겼습니다. 1971년 10월 4일 오후 4시경 그녀는 출산했습니다. 과학자들이 그 시설을 방문할 수 있었지만 갓 태어난 돌고래를 포함해 그 어떤 개체에 대해서도 조사 허가를 받지 못했습니다. 만약 이 돌고래가 살았다면 그녀는 다른 두 종의 돌고래 사이에서 태어난 교잡종일 뿐만 아니라, 과학자들이 두 갈래의 서로 다른 돌고래과로 정의했을 겁니다. 작은 돌고래였겠지만 큰 사건이었을 테죠. 두 종의 특징을 모두 보이며 엄마 주위를 시계 방향으로 끊임없이 헤엄치는 여자 아이였죠. 함께 있던 다른 여성 돌고래들은 엄마 돌고래가 탯줄 푸는 걸 도왔습니다.

엄마인 마칼라니는 아이를 보호했습니다. 어린 돌고래를 움직이게 하려던 훈련사를 찰싹 때렸죠. 마칼라니는 아이를 만지려는 사람을 공격하기도 했습니다. 이집트에서 마칼라니라는 이름은 '그녀는 알고 있다'라는 뜻입니다. 그녀는 무엇을 알고 있었을까요? 과학자들은 엄마를 따라다니는 어린 돌고래의 능력을 보고 '조숙한 아이'라고 부르기도 했습니다. 여러 달 동안 관찰한 후 모든 징후가 좋다고 판단했죠. 이 돌고래는 영리하고 건강했으며 보호받고 있었기 때문입니다. 언젠가 씨라이프 파크의 스타가 되었을지도 모르죠. 과학자들은 논문을 통해 어린 돌고래의 존재가 서로 다른 두 돌고래과가 사실은 다르지 않다는 증거일지도 모른다고 말했습니다. 돌고래 화합, 보호, 교육의 승리입니다! 이 논문은 돌고래 혼종성에 관한 연구에서 계속 인용되고 있습니다.

그러나 사망 기록에 따르면 이 조숙한 아이는 1975
년 네 살의 나이로 죽었습니다. '마모MAMO'가 그녀의 이
름이었을까요? 사인은 완전히 빈칸으로 남아 있습니다.
식중독, 영양실조, 뇌출혈, 다태아 사산, 다른 돌고래에
의한 죽음 등 여기에 나열된 씨라이프에서 벌어진 다른
죽음들의 원인도 충격적입니다. 하지만 이 돌고래의 사
인은 전혀 언급되지 않습니다. 이 시설이 언급하길 거부
할 만큼 비난받을 만한 사인은 무엇이었을까요? 우리에
게 남은 건 우화입니다. 사망 기록에 따르면 마칼라니는
그보다 2년 전에 죽었습니다. 두 살 때 엄마를 잃은 게
원인이었을까요? 훈련사들이 돌고래들을 분리하고 다
시 어미를 임신시키려고 했을까요? 마칼라니가 아이를
보호하기 위해 훈련사에게 한 행동이 씨라이프 생활에
너무 방해가 되었던 걸까요? 서식 공간의 문제였을까요,
아니면 먹이의 문제거나, 그도 아니면 감금 이전에는 나
타나지 않았던 돌고래의 돌발 행동 때문이었을까요?

온라인에 사망 기록을 공개한 케이코 컨저베이션Keiko
Conservation은 씨라이프파크를 폐쇄해야 한다고 주장합니
다.[13] 씨라이프파크 홈페이지에는 당신이 교잡종 돌고래
와 함께 수영하고, 가족과 함께 정통 하와이식 저녁 식사
를 할 수 있다고 적혀 있습니다.[14] 한때 유명했던 교잡종
돌고래가 겨우 네 살에 죽었다는 사실은 전혀 언급하지
않습니다. 포획된 지 4년 만에 죽은 그녀의 엄마에 대해
서도 아무 말 하지 않죠. 40년 넘게 운영되는 동안 그곳

에서 죽은 수십 마리의 긴부리돌고래, 큰돌고래, 바다사자, 바다표범에 대해서는 홈페이지에 아무런 언급도 없습니다. 돌고래와 고래를 포획하여 연구하는 일부 과학자들은 해양 포유류에 관한 문서에서 '감동적인' '장엄한' '어린이' '독방 감금' 등 그들이 편향된 용어라고 부르는 단어가 사용되는 것에 이의를 제기합니다.[15] 이 동물들을 사람처럼, 부모, 포로, 친척, 친구처럼 생각할 수 있기 때문입니다.

그게 잘못인가요? 나는 모든 해양 포유류와 연관되어 있습니다. 나는 포획된 모든 해양 포유류와 연결되어 있습니다. 나는 수용소에 갇혀 죽은 여성 중 한 명인 증조할머니 이디스Edith를 기리고자 이 글을 씁니다. 그녀는 장애가 있던 어린 아들, 그러니까 내가 오래된 인구조사 보고서에서 이름을 발견하고 질문하기 전까지는 들어본 적 없었던 내 증조삼촌의 죽음 이후 마음을 가누지 못해 돌아가셨다고 합니다. 이디스가 동네 사람들, 특히 증조부의 압박에 굴복해 삼촌을 시설에 수용했고 감금된 채 죽었습니다. 그곳에서 죽었다고요. 감금된 지 24시간 만에요. 나는 그의 사망 원인을 듣지 못했습니다.

포로들은 빨리 배우고 창의적으로 일하지 않으면 죽게 됩니다. 나는 이디스 할머니를 위해 이 글을 쓰고 있습니다. 예술가. 천국의 눈. 비록 행동으로 옮기진 못했지만 그녀가 알고 있었던 부분을 존중하며, 나는 그녀를 그녀 자체로 기리고 있습니다. 우주의 창조자, 모든 사랑의 원천. 누구도 본 적 없는 아이의 좌절된 보호자. 그녀의 사랑은 끝나지 않습니다. 그녀의 사랑은 지금도 살아 있습니다. 내 호흡 속에서요. 나는 그녀 주위를 시계 방향으로 헤엄칩니다. 나는 포획되어 비명을 지르는 빠르고 창조적인 학습자들 사이에서, 그녀의 사랑이 이 모든 시간 속에서 살아남았는지 보여 줄 거예요. 그녀의 이름 주위를 돌고 또 돕니다. 나는 잊힌 사람이자 멋진 삼촌인 존 깁스를 위해 이 글을 씁니다. 길들여진 사람. 가족이라 말했지만 가족이 아니었다는 증거죠. 그의 존재를 존중하는 돌봄의 구조를 만드는 일이 아직 늦지 않았다는 건 확실합니다. 숨기고 부끄러워하던 부분을 의도적으로 잊을 겁니다.

내가 말하고 싶은 건 바로 당신입니다. 당신의 삶을 둘러싼 벽, 당신의 죽음을 둘러싼 침묵, 언어는 당신의 모든 걸 지우고 내게서 당신을 없애기 위해 애씁니다. 하지만 그것이 내 슬픔보다 강하지는 않습니다. 내 슬픔은 사랑과 당신에 대한 주장으로 가득 차 있기 때문입니다. 당신을 도둑 맞은 이후로 나는 내가 알지 못했던 모든 이름으로 되돌아왔습니다. 사실 나는 당신과 결코 멀리 떨어져 있지 않습니다. 나는 창조자이자 창조물입니다. 바로 여기, 모든 사랑의 원천이 있습니다. 내 폐와 눈물, 원을 그리며 회전하고 찰싹 때리는 행동으로 거짓말들을 쫓아냅니다. 천국의 눈. 당신이 보고 있습니다. 나는 모든 것을 알지는 못하지만 그럼에도 알고 있습니다.[16]

가끔 강에 있는 바다 돌고래를 볼 수도 있습니다. 해리엇 터브먼^{Harriet Tubman}의 저항운동 149주년을 맞아 콤바히강 선착장에 있던 나와 파트너 상고다레^{Sangodare}는 대서양큰돌고래 세 마리를 만났습니다. 메시지 수신, 그리고 1년 후, 콤바히강 습격**** 150주년을 기념하기 위해 21명의 페미니스트가 함께하는 모바일 홈커밍 프로젝트의 콤바히 순례길에 참여했습니다.

수십 년 전, 나의 할머니 리디아 검스^{Lydia Gumbs}도 대서양큰돌고래의 메시지를 받았고, 앵귈라 혁명 휘장 디자인의 영감을 얻었습니다. 그녀는 돌고래를 주황색으로 칠했어요. 인내를 상징하죠. 원은 지속성을 상징합니다. 비록 혁명은 짧았지만 우리의 듣기는 계속되고 있습니다. 내 자매는 이 상징을 문신으로 새겼습니다. 이 문신은 오늘날까지 앵귈라의 주요 문양이자 상징으로 남아 있습니다.

그날 콤바히강에 있던 나는 할머니의 터키석 목걸이를 하고 있었습니다. 해가 지고 있었고 돌고래들은 해리엇 터브먼 다리 아래에서 원을 그리며 헤엄치다 바다로 돌아갔는데 정말 주황색으로 보였어요. 큰돌고래의 메시지였어요. 혁명을 가로질러 말하라.

**** 노예해방운동가인 해리엇 터브먼은 1863년 사우스캐롤라이나의 콤바히강 습격을 주도하였고 700명 이상의 노예를 해방시켰다.

바다 돌고래가 강을 헤엄쳐 올라간다는 게 무슨 의미인지 궁금했습니다. 큰돌고래는 지구 전체, 넓은 바다에 걸쳐 사는데 때로는 강, 담수, 좁은 해안가의 경계처럼 특이한 장소를 선택하기도 합니다. 왜 그럴까요?

오늘 전하고자 하는 내용은 특정성^{specificity}입니다. 무한한 잠재력을 모두 발휘할 수 있는 하나의 길을 선택하는 일, 세계를 여행하던 나의 할머니가 어떻게 작은 섬에 헌신하게 되었는지에 관한 이야기입니다. 때로는 우리가 흐름을 거슬러 헤엄치면서 얼마나 강하게 자라는지에 대한 이야기지요. 명확하게 전달될 수 있을 만큼 특정한 맥락을 가진 우리의 메시지를 보여줌으로써 세상이 무엇을 배울 수 있는지에 대해서요. 모든 물이 어디서든 모든 곳의 물과 만난다는 걸 믿기 위해서입니다.

"진흙으로 가득한 이 강에서 내가 뭘 하고 있는 거지?"라고 궁금해하는 바다 돌고래, 여러분 모두를 위해서예요. 해리엇 터브먼이 남쪽으로 간 이유를 기억하세요. 그녀는 그럴 필요가 없었습니다. 숙련자였고 추적이 어려웠으니까요. 그녀는 자유로울 수 있었죠. 홀가분하게요. 하지만 자유에 관한 영원한 진실을, 시대를 위한 메시지를 지구 전체에 울려 퍼지게 하기 위해 자유롭지 않은 곳에서 자유롭게 살아야 했습니다. 우리 모두와 그녀가 함께할 수 있는 유일한 방법이었습니다.

한계가 분명한 공간 안에서 자유를 향한 용기를 지닌 내 사랑 당신에게 감사합니다. 진흙탕 같은 현실에서도요. 할 수 있는 일이 아니라 해야만 하는 일을 하기로 결정해 주어 감사합니다. 특권과 용기의 차이를 가르쳐 줘서 고맙습니다. 탈출과 초월, 단순한 반응과 혁명의 차이에 대해서도요. 여러분의 인내는 유리병^bottles과 큰돌고래^bottlenoses, 피와 숨에 실려 영원한 대안을 기록하게 됩니다. 그 메시지를 경외합니다. 메시지가 수신되었습니다.

(나보다 오래 보존된) 두개골, 이제는 새롭게 '날루가^narluga'*****라 불리는 고래의 노래를 부르세요. 강바닥에서 먹이를 찾는 고래, 뒤틀린 채 바깥으로 상당히 솟아 있는 이빨을 가진 세 번의 배신을 경험한 고래의 노래를 부르세요. 소니 하이파이가 녹음하지 못한 노래를 부르는 날루가의 입을 벌려 보세요. 무엇을 발견하건 간에, 흰고래^beluga에서 발견된 많은 것들은 외뿔고래^narwhal 어미의 것과 비슷하기도 합니다. 흰고래는 무엇이든 될 수 있고 주변의 모든 것으로 영원히 변해 버리는 습성으로 유명하죠. 혼종적인 명사 이름이 별다른 의미를 갖지 않는 날루가의 얽혀 버린 삶. 분류학자들이 그 두개골을 발견하기 전까지는 그것을 지붕에 보관했던 선주민 사냥꾼만이 날루가의 존재를 알고 있었습니다. 얼음이 녹으면서 생겨난 이런 생물에 대해 연필로 기록한 추정들을 여

***** 날루가(narluga)는 외뿔고래(narwhal)와 흰고래(beluga)의 교배로 탄생한 종을 가리킨다.

전히 의아해하십시오. 그간 차가운 얼음이 격리했던 생명들이 북극의 온난화로 인해 뜻밖의 생명을 만들어 내고 있다는 걸 의아해하십시오. 날루가가 아니지만 당신이 모르는, 그러나 날루가라는 이름으로 알려진 날루가의 이름을 부르세요.

획기적인 기술 없이 바다코끼리처럼 먹이를 먹기 위해서 무엇이 필요했을지 상상해 보세요. 얼음 위로 몸을 끌고 다니지 않으면서도요. 그런데도 얼음 덩어리와 유빙이 흘러 다니는 구역으로 마음이 이끌리는 일에 대해서요. 주변을 통해서가 아닌, 오직 스스로를 통해서만 자기 자신을 알 수 있다고 생각해 봐요. 또는 근처에 있는 북극고래가 수백 년 전의 비슷한 노래를 기억하는 경우를 제외하고, 당신에게만 의미가 있는 노래를 부르는 것을요. 사냥꾼들의 상상 속 유골을 바탕으로 추정된 묘사가 신문에 실리는 게 어떨지 상상해 보세요. 또는 '아기 흰고래'와 같은 노래가 당신에 관한 노래가 아님을 아는 것. 그건 당신에 관한 게 아니에요. 때로는 잠시나마 그보다 더 마법 같은 존재가 없었음을 알기 위해 그랬다고 상상해 보세요. 또는 1980년대의 밝고 차가운 어둠 속에서 유니콘과 변신술사의 힘을 몰래 물려받기 위해 그랬다고요. 또는 종의 완전성을 위한 고집에 희생되거나 오해 때문에 수천 번의 죽음을 겪어야 했다고 상상해 보세요. 종이 존재할지라도 불가능한 존재로 남아 있기 위해서요. 또는 정확히 같은 이유로 영원히 살거나 노래하기 위해서요.

4. 연습하기

　일부 돌고래와 고래의 등지느러미를 만들어낸 세대를 넘나드는 관행은 무엇인가요? 어떤 경험의 지혜를 기반 삼아 북극고래의 지느러미와 부레가 계속 커지거나, 강돌고래가 옆으로 헤엄치는 데 적응할 수 있었을까요? 대왕고래가 온종일 굶주린 채 지구를 가로지르며 노래할 수 있는 비법은 뭘까요?

　나는 우리 삶에서 등지느러미, 즉 안정적인 연습의 가능성을 믿습니다. 나는 한 명의 척추옆굽음증 환자로서 비뚤어진 삶의 등뼈와 코어 근육을 발달시키는 데 전념하고 있습니다. 우리는 변화하는 세계에서 서로를 찾기 위한 실천을 연습해 나갈 수 있습니다. 각자 무엇을 수용하고 표출할지에 관한 의식적인 접근 방식을 만들 수 있습니다. 우리가 실천하는 내용이 곧 우리가 되기 위한 세대 간의 진화적 방법은 무엇일까요? 우리는 어떻게 억압적인 환경을 헤쳐 나가며 공동체와 저항을 이루고 더욱 사랑이 넘치는 삶의 방식을 구축할 수 있을까요?

　맞아요. 나도 등지느러미가 부럽습니다. 노스캐롤라이나 해안에서는 가끔 대서양낫돌고래*Lagenorhynchus* *acutus*(acutus는 날카롭다는 뜻입니다)의 지느러미가 투명하고 우아하게 물속을 가르는 모습을 볼 수 있습니다. 누가 그걸 원하지 않을까요?

수생 동물에게 등지느러미는 곧 안정성입니다. 항상 움직이는 물속에서 등지느러미는 균형과 자율성을 주고, 바다에서의 삶에 꼭 필요한 빠른 회전을 도와줍니다. 맞아요, 이 모든 전환을 헤쳐 나가려면 등지느러미가 필요합니다.

돌고래는 어떻게 등지느러미를 갖게 되었을까요? 물살이와 달리 돌고래는 등지느러미를 지지하는 뼈가 없습니다. 돌고래가 바다로 돌아가기 전에 진화한 포유류는 등지느러미가 없었죠. 꼬리지느러미나 옆지느러미와 같은 팔다리의 흔적도 없습니다. 돌고래가 바다의 거친 움직임 속에서 살아가기 위해 등지느러미가 되는 조밀한 조직을 진화시켰다는 설명이 유력합니다. 즉, 돌고래는 여러 세대에 걸친 실천을 통해 등지느러미를 진화시켰어요. 바다가 항상 움직인다는 사실을 받아들이고 그에 따라 변화한 거죠. 균형을 잡기 위한 몸짓을 강화했습니다. 바로 이 부분이 내가 말하고자 하는 내용입니다.

파도가 밀려와 나를 뒤흔들고, 예고 없이 몸의 방향을 틀어야 하는 상황에서 나를 안정시키고 길을 뚫고 나갈 수 있게 하는 진화적 실천은 무엇일까요? 바로 이겁니다. 매일 글을 쓰는 건 가장 신뢰할 수 있는, 등에 관한 실천입니다. 글쓰기는 내 중심을 잡아 주고, 지탱해 주고, 주변 바다에서 무엇이 변화하고 있는지에 대한 관점을 만들어 줍니다. 내 표류를 알아차리게 해 주죠. 매일 글쓰기, 거울과 소리 명상, 샤론 브리지포스의 바다 오라클 카드는 내 등 뒤의 조상들에게 손 뻗게 해 줍니다. 언제든 돌아갈 수 있는 사랑의 중핵에 익숙해지도록 합니다. 또 다른 안정의 힘은 사랑하는 자매 야시나 마야 파담시^{Yashna Maya Padamsee}가 수년간 내 어깨를 열어준 요가 비디오에서 "당신의 호흡을 기억하라"라고 말하는 소리입니다. 최근에 시작한 집단적 실천인 라나 갈랜드^{Lana Garland}와 함께하는 필라테스는 내게 필요했지만 미처 몰랐던 걸 알아차리게 해 줍니다. 나는 코어부터 움직일 수 있게 해 주는 근육의 언어를 배우고 있습니다. 더럼 시내 지하실에서 함께 내쉬는 숨소리는 돌고래가 수면 위로 올라와 공기를 내뿜는 소리의 녹음본처럼 들립니다.

그렇습니다. 나는 등지느러미를 원합니다. 연습하면 만들 수 있을 것 같아요.

등지느러미를 만들기 위해 당신은 무엇을 연습했나요? 바다에서 이동하기 위해 어떤 진화적 반복을 훈련했나요? 지금 당신을 움직이게 하는 파도를 위해 연습해야 할 부분은 무엇인가요?

나는 수련을 통해 내 신체 조직을 변화시킨, 사랑하는 신성한 수영꾼들의 공동체에 정말 감사하고 있어요. 특히 우리 공동체는 대체로 주거와 경제적 안정을 이루기가 어렵고 자본주의가 계속해서 우리의 뿌리를 찢어 놓기에, 내가 실질적인 안정을 찾을 수 있도록 가르쳐 준 흩어지고 추방된 친족들에게 감사합니다. 여기 바다에서 우리는 숨을 쉬고 연습합니다. 우리가 서로를 선택한 다면 우리에게는 서로가 있습니다. 대서양낫돌고래라고 도 알려진 라게노린추스 아쿠투스는 참고래, 혹등고래 와 노는 걸 좋아합니다.

어떻게 했나요? 거의 무에서 유를 만들어내고 아무 것도 없던 곳에 몸을 만들어 낸 것 같지만 아닙니다. 삶에서 일상을 만들어낸 거죠. 무한한 사랑으로 만들어 냈습니다. 내 편이 되어 줘서 감사합니다. 여전히 당신을 위해 손 뻗고 있어요. 당신의 숨과 밀도, 완고한 성장 불가능성을 사랑합니다. 지금 당신의 진화가 일어나고 있습니다.[17]

북극고래는 수세기 동안 살며 영원히 성장할 수도 있습니다. 연구자들은 북극고래의 척추가 굳지 않기 때문에 200살이 되어도 계속 성장할 수 있다고 합니다. 어제 친한 친구를 통해 전혀 모르는 이로부터 고래 뼈를 선물 받았는데 아마 그건 영원히 성장하는 북극고래의 척추뼈일 거예요.

신탁의 무거운 조각. 그렇습니다. 체지방이 많아 북극에서 아주 따뜻하게 살 수 있고, 오랜 시간에 걸쳐 고래를 죽이는 데 사용되어 온 다양한 무기보다 더 오래 살아남은 북극고래에게 경의를 표합니다. 전에 말했지만 다시 한번 반복해 말하면 지방은 승리 전략입니다. 새로

운 연구에 따르면 어린 북극고래는 자기 뼈에서 영양분
을 섭취할 수도 있다고 합니다. 고래수염(입에 있는 음
식 여과 기관)을 성장시켜 더 많은 크릴을 먹고, 더 살찌
고, 더 잘살기 위해서죠. 진화의 천재들입니다.

내 척추도 나에게 무언가를 가르쳐 주고 있습니다.
어릴 때 소아과 의사에게 척추옆굽음증을 진단받았는
데, 내가 이렇게 멋지게 비뚤어져 태어났는지 아니면 어
릴 때부터 무거운 책 때문에 평생 살아가는 방식이 바뀌
었는지는 아마 알 수 없을 겁니다. 그럼 우리가 아는 건
뭘까요? 책은 확실히 무거웠고 나는 아직도 책을 내려
놓지 않았죠. 또 내 몸의 일부를 과도하게 늘이거나 다른
쪽을 압박하는 방식으로 세상 속에서 걷고, 앉고, 움직여
요. 내 척추는 복도나 문, 다른 길에서 몸을 기울일 때 넘
어지지 않도록 나를 잡아 주는 긴장감 넘치는 역할을 책
임지고 있습니다.

중간항로에서 살아남은 사람들의 후손은 모두 우리
만의 골반과 척추뼈의 기울기, 임시방편적 움직임을 갖
고 있으며 결코 짊어질 필요가 없는 걸 어떻게든 짊어지
기 위해 몸을 다시 짜맞춘다고 말하는 이들도 있습니다.
어떤 이들은 오늘날의 자본주의에서 우리 모두가 삶이
아닌 다른 것에 도움이 되는 모양으로 구부러져 살아간
다고 말합니다. 그럼 북극고래들은요? 그들은 배를 보았
어요. 명성이 자자한 고래 지방을 얻고자 자기들을 죽이
러 왔던, 피와 노예의 기록에 불 붙일 기름을 얻기 위해
다시 돌아온 배의 소리를 들었습니다. 지금까지도 자본

주의 기획에 기름을 공급해 준 북극고래를 위협하는 건 또 다른 형태의 상업적 기름 추구입니다. 북극고래는 수없이 긴 역사와 함께 호흡했고 그보다 더 오래 살아가고 있는데도요.

이건 무얼 의미할까요. 그럼에도 성장하기 위해서는 무엇이 필요할까요? 올해 나는 조셉 필라테스^{Joseph Pilates}라는 천식을 앓는 운동선수가 개발했고 흑인 페미니스트 감독인 라나 갈랜드가 재해석한 방법을 사용하여, 수십 년간 허리에 무리를 주던 모든 손상을 멈추는 코어 근육 재훈련 방법을 배우고 있습니다.

2019년 9월, 나는 (때로는 트라우마의 결과로) 자궁내막증을 앓고 있거나, 지팡이를 짚고 걷거나, 만성적으로 몸이 기울어져서 통증을 겪고 있는 이들과 함께 일주일간 카약을 탔습니다. 똑바로 나아가진 않았지만 좋았습니다. 각 척추 사이에 어떤 이야기가 끼어 있는지, 어떻게 숨을 쉬고 있는지를 생각했습니다. 내가 얼마나 더 성장해야 하는지 느꼈습니다. 수세기에 걸친 시간적 여유를 부릴 수는 없지만 나는 닿을 수 있습니다. 나에게는 당신으로 하여금 내 능력을 발휘하게 할 여러 방법이 있습니다. 나에게는 오래 살아남아야 한다는 맹렬함, 깨버려야 할 얼음, 불러야 할 노래가 있습니다. 나에게는 얻어야 할 지방이 많고 주어야 할 사랑도 많습니다. 그리고 지혜도요. 다 이 뼛속에 있습니다.

남아시아강돌고래의 두 아종으로 알려진 인더스 수수와 갠지스 수수는 종종 옆으로 헤엄칩니다. 항상 그랬을까요? 강에 바지선이 없었고 물도 덜 오염되었으며 이들 돌고래가 큰 무리를 지어 헤엄쳤던 19세기에도 그랬을까요? 아니면 이들이 대체로 혼자 살아가야 하고 통제할 수 없는 구조물들에 의해 서로 분리되어 있음에도 항해해야만 하는 시대에 적응한 결과일까요? 때로 그들은 드릴처럼 나선형으로 돌기도 합니다. 빠르게 방향을 바꾸기도 하고요. 옆으로 헤엄치는 모습도 볼 수 있는데, 한쪽 물갈퀴로 침전물을 휘저으며 먹이를 찾기 위해 계속 반향음을 내며 헤엄칩니다.

　당신은 어떤가요? 옆으로 헤엄치고 있나요? 한쪽 귀는 땅에, 한쪽 귀는 하늘에 대고 있나요? 진보의 의미를 재평가하고 있나요? 줄의 방향을 의심하나요? 나는 그렇습니다. 인더스, 갠지스 수수는 항상 반향음을 냅니다. 기능적으로 시각을 사용하지 않기에 그들이 강을 따라 움직인다고 해서 낮과 밤의 경계가 있다거나 어딘가로 이동하는 건 아닙니다. 그들은 머리를 까닥거리고 계속 클릭음을 내며 지금 여기가 어디인지, 지금 당장 여기가 어디인지 묻습니다. 당신의 몸이 미끼로, 최음제로, 희귀한 연구 상품으로 소중히 다뤄지는 곳, 그물이 촘촘히 쳐진 강에서는 필수적인 행동이죠.

　당신은 지금, 그리고 지금, 또 지금은 어디에 있나요?

행성적이고 정치적인 역행을 탐색하고 있나요? 세상이 자기 편이라고 느끼나요? 가끔은 나도 그렇습니다. 나는 궁금합니다. 누가 위아래를 정했는지. 그들이 말한 것처럼 세상의 위와 아래를 바라볼 때 내가 놓치고 있는 게 무엇인지. 나는 세계에 대해 무엇을 알고 있을까요? 돌아갑니다. 나는 방향을 잃고 당신에게 돌아갑니다. 우리는 지금 어디에 있나요?

일부 지역의 대왕고래는 낮 동안 금식합니다. 그들은 저녁과 이른 아침에 식사합니다. 위장에 약 1,000킬로그램의 식량을 담고 있는 지구상에서 가장 큰 동물이 하루의 가장자리에서 의식적으로 하는 식사를 생각해 보세요. 나는 우리가 대왕고래의 긴 물속 기도 속에, 수중에서 수백 킬로미터를 이동하는 명상적인 소리 속에 살고 있다고 생각합니다. 고래는 한 번의 호흡으로 전 대양에 소리를 보내며, 멀리까지 뻗어 나가는 성가로 지구를 감쌉니다.

M. 누르베즈 필립M. Nourbese Philip은 물이 소리를 품고 있고 끝없이 울려 퍼지며 우리를 계속해서 부른다는 사실을 가르쳐 줬습니다. 어쩌면 (20세기의 상업적 모험으로 인해 대왕고래의 95퍼센트가 죽기 전까지) 온 바다를 가득 채웠던 대왕고래의 외침이 지금도 우리의 물을 축복하고 있을지도 모릅니다. 크리스티나 샤프Christina Sharpe가

말했듯 대왕고래는 여전히 우리 곁에 머물고 있습니다. 명상과 기도 중에 눈에 띄면 위험한 세상입니다. 맞아요, 전파를 통해 우리가 투사하는 불안을 덮는 지구상에서 가장 큰 소리가 푸른색 선조의 깊은 기도 소리라고 상상해 봅시다. 그럼 그다음은 뭘까요?

단식하는 이의 용기를 존경합니다. 수많은 이들을 품고 종일 기도하는 당신의 길에 사랑을 보내요. 언제 어떻게 무엇을 전달할지, 언제 어떻게 무엇을 받아들일지를 더 의식할 수 있는 우리 모두에게 사랑을 보냅니다.

5. 협력하기

변화하는 환경에서 집단으로 기능한다는 건 어떤 의미인가요? 후기자본주의에 내재한 고립에 맞서기 위해 어떻게 우리를 의식적으로 조직화할 수 있을까요? 돌고래(그리고 참견하는 상어, 쥐가오리도)가 우리에게 해 줄 말이 있어 보입니다. 대규모 돌고래 무리의 창발적 전략인 보살핌부터 대규모 직접 행동 준비 모델인 범열대성 싱크로나이즈드 수영까지, 돌고래는 우리에게 무리 짓는 방법을 가르쳐 줍니다.

돌고래의 가르침을 가부장적 가족을 잊는 법을 배울 '학교'로 대체할 준비가 되어 있나요? 순환적이고 집단적인 쥐가오리의 먹이 주기 관행과 흑인 디아스포라 역사 사이에는 어떤 관련이 있을까요? 나는 협력이 자연스러운 일이며 우리가 다시 되찾을 수 있다고 믿습니다.

넓은 바다에서 보살핌은 창발적 전략입니다. 수백 마리, 때로는 수천 마리가 무리 지어 이동하며(교훈1: 깊은 바다를 헤엄친다) 여러 '다른 종'의 돌고래, 고래들과 함께 헤엄치고 먹이를 먹는(교훈2: 함께하면 더 낫다), 배가 하얗고 코가 짧은 샛돌고래*Lagenodelphis hosei*를 생각해 보세요. 이 돌고래는 지구 전체를 헤엄쳐 다니지만 1971년까지는 어떤 과학자도 살아 있는 개체를 본 적이 없었습니다(또는 아무도 서구 과학자들에게 알려 주려 하지 않았을 수도 있습니다). 사실은 이 돌고래들 사이에 눈에 띄기 위한 조직적인 움직임이 있었던 것으로 추정됩니다. 1971년 이 종의 '최초 목격'이 지구 여기저기서 보고되었기 때문입니다(교훈3: 우리는 우리 방식대로 목격될 수 있다!). 이 거대한 해양 가족의 일원이 되기 위한 유일한 조건은 기꺼이 깊이 잠수할 수 있어야 한다는 거예요. 그들은 수면 300미터 아래에서 밥을 먹고(교훈4: 깊은 곳에서 움직여라), 인간이 따라가지 못하도록 집단으로 갑자기 방향을 바꾸고, 바다의 흐름을 따라 수천 킬로미터를 이동하기 때문에 무리를 짓습니다(교훈5: 전환할 준비를 하라).

나의 사랑 바다, 모든 방향으로 뻗어 나가 있는 나의 광활한 가족에게 감사합니다. 젠더와 나이, 시대를 초월한 나의 어머니들. 내가 말할 수 있는 것보다 더 많은 방법으로 나를 양육하고 책임져 주어서 감사합니다.

점박이돌고래는 모두가 동시에 움직이는 싱크로나이즈드 수영을 하고 공동체를 형성합니다. 수백 마리의 무리를 지어 이동하지만 무리 안에서는 스무 마리 이하의 그룹으로 나뉘어 다이빙 시간과 아름다운 아크로바틱을 완벽하게 맞춰 나갑니다. 바다에서는 다른 돌고래들 (특히 긴부리돌고래), 황다랑어, 바닷새 등으로 구성된 이동하는 종간interspecies 집단에 함께 합니다. 과학자들은 돌고래의 이런 행동에 관해 여러 이유를 제시하는데 대체로 다음과 같이 요약할 수 있습니다.

누구와 함께하고 있는지 알면 그들의 현재 위치와 그들이 어디로 가고 싶어 하는지를 알 수 있다.

어쩌면 이건 점박이돌고래 회복력의 일부일지 모릅니다. 수십 년에 걸친, 참치 그물 교살로 인한 심각하고 파괴적인 피해에도 불구하고, 그들은 지구상에서 가장 많은 수가 남아있는 돌고래 종 중 하나이기 때문입니다. 나는 점박이돌고래의 이상을 가진 멋진 조직가들(클라우디아 존스Claudia Jones, 셜리 치솔름Shirley Chisolm, 밀라 아길라Mila Aguilar, 마마 팅고Mama Tingo, 다 열거할 수 없을 정도로 많습니다)을 떠올립니다. 물론 흑인 해방, 퀴어 가시화, 신체 긍정을 위해 헌신하는 미네소타주의 금메달 우승자, 싱크로나이즈드 수영팀 서버시브 사이렌스Subversive Sirens도 떠올리고 있습니다. 내가 살고 있는 노스캐롤라이나 트라이앵글 지역의 레디 더 그라운드 트레이닝 팀Ready the Ground Training Team을 생각합니다. 우아하고, 안전하며, 가능한 직접 행동을 만들죠.

언제나 그렇듯 여러분을 생각합니다. 앞이 보이지 않을 때면 나는 이곳에서 당신의 호흡에 내 호흡을 맞춥니다. 우리가 도약할 수 있고, 잠수할 수 있고, 우리의 신념을 실천할 수 있다는 걸 함께 알고자 합니다. 토니 케이드 밤바라$^{Toni Cade Bambara}$의 말처럼 "바닷새는 아직 살아 있다"는 걸 기억하고자 합니다.[18]

지느러미가 없고 검은색과 흰색을 띤 고추돌고래 *Lissodelphis* 무리가 수백 마리씩(최대 3천 마리) 이동하는 모습을 하늘에서 보면 마치 검은 대륙이 부드럽게 움직이는 것 같아요. 물속에서 보면 가라앉은 흰 구름처럼 보일 거예요. 나는 그렇게 상상합니다. 먹이를 찾기 위해 집단적으로 내는 반향정위 소리는 무시할 수 없을 정도입니다. 한 번에 몇 마리만 수면 위로 올라오지만 수백, 수천 마리가 함께 이동합니다. 정말 매끈하죠. 지느러미가 있지만 그리 매끈하지는 않은 그의 사촌 돌고래들이 무리에 들어오는 걸 환영합니다.

나는 가끔 우리에 대해 그렇게 생각합니다. 함께 헤쳐 나가기로 선택한 우리들. 우리는 서로 다른 방향에서 매우 뚜렷하게 인지됩니다. 인간 관찰자들은 고추돌고래를 바다표범이나 바다사자, 심지어 펭귄으로 착각하기도 합니다. 즉, 우리가 누구인지 인식되는 일보다 함께 지내고, 함께 먹이고, 우리의 위치를 알고, 함께 나아가는 게 더 중요할지도 모릅니다.

모든 곳에 있는 내 무리에게 사랑을 전합니다. 매끄

러운 이와 매끄럽지 않은 이. 등을 드러내는 당신과 배를 드러내는 당신. 수면 위로 떠오르는 당신과 깊은 곳에 머무는 당신. 당신과 함께할 수 있어 영광입니다. 주위를 둘러보고 잘 들어 보세요. 우리가 여기 있습니다.

고추돌고래 무리가 자기 모습을 보이길 원치 않는다면 여러분은 그들을 보지 못할 거예요. 그들은 파도에 맞춰 움직이고 바다의 속도에 맞춰 숨을 쉽니다. 위에서도 아래에서도 모두 마찬가지입니다. 하늘에서 보면 그들은 바다처럼 보이고 바다에서 보면 하늘처럼 보일 거예요. 그들은 촘촘한 대형을 유지합니다. 감지되지 않고 움직일 수 있죠.

북반구에 고추돌고래 한 종이 있고 남반구에는 다른 종이 있습니다. 위에도 있고 아래에도 있죠. 안내서에는 그들의 분포 범위가 겹치지 않기 때문에 서로 마주칠 일이 없다고 나와 있습니다. 하지만 나는 궁금합니다. 지구 자체가 거울은 아닐까요. 평행하게 존재하는 구 말이에요. 내가 만질 수도, 알 수도, 헤엄쳐 갈 수도 없는 저 너머의 이들과 함께 춤을 추고 있는 건 아닐까요? 나는 호흡을 하면서 보이는 것과 보이지 않는 것의 균형을 맞추고 우아한 방법으로 바다와 하늘 양쪽 모두가 되는 법을 배우고 있습니다.

나는 당신과 함께 학교에 가는 법을 배우고 있습니

다. 나는 바다를 찾기 위해 내 호흡을 당신의 마음에 맞춥니다. 내 마음은 당신의 웃음을 만나기 위해 달릴 거예요. 당신은 하늘입니다.

위와 아래는 같습니다.

안무적 존재, 극지의 지지, 깊은 듣기, 조율. 두려움이 내게 가르쳐 주지 않은 학교를 다시 불러 주세요. 내가 기억하는 심장박동을 내게 주세요. 이를 사랑이라고 부르세요.

줄박이돌고래*Stenella coeruleoalba*의 주요 생활 단위는 학교입니다. 25~75마리의 돌고래가 모여 있는 학교에서 아이들을 키우죠. 학교는 계속됩니다. 어른들의 학교. 청소년들의 학교. 학교는 꼭 필요합니다.

예를 들어 1990년대 초 지중해에서 질병이 발생하고 살아남은 돌고래의 학교 규모가 7마리 정도로 줄어들었을 때, 돌고래들은 자신을 재조직하고 서로를 찾으며 자신에게 가장 적합한 규모로 학교를 계속 이어 갔습니다.

과학자들이 돌고래 무리를 '학교'라 부르는 건 흑인 페미니스트의 책에 열광하는 내가 일반적으로 말하는 '학교'와 그 의미는 다르지만, 돌고래 학교는 세대 간, 세대 내 학습과 보살핌, 생존을 위한 조직적 구조를 이룹니다. 나는 할아버지가 학교를 어떤 식으로 말했는지(진정한 신의 비밀스런 이름처럼요. 가장 필수적이고 가능한 실천이라 했지요), 때로는 그 믿음에 걸맞지 않을 수도 있는 교육 기관에 투자한 것을 비롯해 학교라는 개념에 얼마나 큰 믿음을 가졌는지 생각해 봅니다.

우리가 일상적으로 사용하는 학교라는 단어가 우리를 세뇌하는 과정 혹은 기관의 이름도, 붙잡히고 단속 당하는 사회적 자본의 구조도 아니라면 어떨까요. 오히려 돌봄의 구조처럼 좀더 본질적인 무언가를 의미한다면 어떨까요? 학교가 서로를 돌보고 함께 움직일 수 있는 구조라면 어떨까요? 내 생각에 우리가 이 시대에 가장 시급히 배워야 할 건 이것이죠.

법적으로나 서사적으로 우리 사회는 소규모의 고립된 가족 단위를 장려하고 돌봄을 꺼리는 반사회적 국가를 조장하고 있습니다. 따라서 돌봄은 지속 불가능한 노동이 되고 수많은 사람의 허리와 마음, 의욕을 정기적으로 꺾어 버리는 대규모의 무급 노동이 됩니다.[19] 상상 속 이상적 가정의 실패에서 우리는 무엇을 배울 수 있을까요? 우리가 배우고자 한다면 무엇을 배울 수 있을까요?

줄박이돌고래 학교에서는 학교 규모의 최대 3분의 1만 수면에서 볼 수 있습니다. 젠더화된 평생의 이상(남편 부인 엄마 아빠 딸 아들)을 이루기 위해 노력하는 게 아니라, 모든 형태의 보살핌이 순환할 수 있다는 걸 알면서 동시에 나타나고 물러서기 위해서는 어떤 구조와 신뢰가 필요할까요? 줄박이돌고래 무리는 얕은 물에서 애쓰지 않고 대륙붕의 깊은 곳까지 이동합니다. 서로 함께 깊은 곳으로 간다는 건 무엇을 의미할까요? 친밀성의 규모, 의무나 상상적 임무를 넘어 서로를 돌보는 방법을 가르쳐 줄 수 있는 실제 사례로는 무엇이 있을까요? 줄박이돌고래는 심해 산란층에 살고 있으며 발광기관을 가진 물살이를 먹습니다. 말 그대로 몸속에서 불을 밝혀 주는 생명이 그들에게 영양을 공급합니다. 우리도 그렇게 될 수 있을까요?

나는 우리가 서로를 존중하는 방법, 더 깊이 들어가는 방법, 교대하는 방법, 보살피는 방법, 영양을 주는 빛을 찾고 또 찾는 방법을 배우고 또 반복해서 배우는 돌봄의 단위, 즉 학교의 실천을 '가족'의 이미지와 교환할 수 있지 않을까 생각합니다.

세금 제도나 주당 근무 시간, 세분화된 업무가 우리에게 이러한 실천을 배우지 말라고 요구한다는 걸 당신을 이미 알고 있죠. 이에 저항하는 방식을 사랑합니다. 그레이스 리 보그스Grace Lee Boggs가 우리가 우리의 안녕과 존재의 도전에 대한 해결책으로서 세대 간의 협력이 가능하다면 바로 그것이 우리에게 필요한 모든 학교가 될 거라고 말한 걸 기억하세요.[20] 우리는 바로 그곳에서 모든 걸 배울 수 있을 거예요. 나는 우리의 무한한 결핍에 맞춰 설계된 구조에서 영구적인 역할을 하겠다는 맹세를 하지 않습니다. 하지만 당신과 함께 즐기겠다고 약속합니다. 영화에서 말하는 가족은 지속 가능한 구조가 아님을 우리는 이미 배웠다고 생각합니다. 이를 강요하고 수행하려 애쓰면서 우리는 너무 많은 고통을 겪습니다.

우리는 계속해서 스스로가 충분히 괜찮은 가족 구성

원이 아니라고 느끼기 때문에 분투하고 있지요. 그렇다면 그냥 학교로 돌아가 보는 건 어떨까요? 즉, 삶에 적응하기에는 턱없이 작은 구조 속에서 '충분히 좋은' 게 존재하지 않는다면 어떨까요? 우리가 가족에서 실패처럼 느끼는 모든 방식이, 사실은 실패가 아니라 우리의 돌봄을 재구성하는 데 도움이 될 수 있는 입학 전 예비과정이라면 어떨까요?

평생토록, 기회가 닿는 한 언제나 당신과 함께 배우겠다고 약속합니다. 여러분이 내 몸과 영혼, 마음에 가져오는 변화를 탐구하기 위해서요. '우리가 견디는 방법'이라는 커리큘럼을 통해 당신과 함께 오랫동안 학교에 다니기 위해서예요. 나는 우아하게 협력하는 방법을 엄격하게 배우고, 당신 차례가 되면 아무것도 증명할 것 없이 물러나는 법을 배우겠습니다. 우리 내면을 밝히는 데 필요한 양식을 찾기 위해 충분히 깊이 들어가는 일에 전념할 것을 맹세합니다. 당신을 사랑합니다. 나는 배울 게 너무나 많습니다. 나는 당신을 사랑하고 우리가 생존할 수 있는 범위의 사랑이 가능하다는 걸 이제 막 배우고 있습니다. 당신을 사랑합니다. 삶이 내게 이런 배움을 준다는 건 얼마나 관대하고 순전히 기적 같은 일인지요.

흰부리돌고래의 북쪽 분포 범위는 북극의 끄트머리를 넘어갑니다. 하지만 흰부리돌고래는 얼음에 적응하지 못했습니다. 물 자체가 위협이 되어 먹이를 잡는 터를 얼어붙게 해 그들 주변에서 먹이를 구할 수 없게 만들며, 최악의 경우 흰 얼음덩어리의 갑작스러운 무게에 질식할 수도 있었기 때문입니다. 점차 이들은 살던 곳에서 살 수 없게 되었습니다. 때로는 더 생존하기 어려운 해변 쪽으로 떠밀리기도 했습니다.

이런 일이 있었다는 걸 알고 있나요? 아직도 자본주의의 냉혹함에 적응하지 못한 이가 있습니까? 더럼, 디트로이트, 오클랜드에서 일어나는 일에 대해 알고 있나요? 수세대의 걸친 영혼들이 매혹적으로 만들어온 서식지가 얼어붙는 기분이 어떤지 아나요? (그녀가 **비싼 물가 때문에** 밀려났다고 말하던가요?) 이건 냉혹함의 대가입니다.

동시에 바다 온도가 상승하면서 돌고래 서식지의 먹이 공급에도 부정적 영향을 미치고 있습니다. 너무 뜨거워 감당할 수 없고, 너무 차가워 견딜 수 없습니다(그룹 뉴 에디션$^{New Edition}$에서 쫓겨난 남자의 말입니다).[21]

당신이 살던 곳이 사람이 살기 어려울 정도로 열악해진다면 어떻게 할 건가요? 흰부리돌고래는 집단을 이룹니다. (참고로 흰부리돌고래의 부리가 반드시 흰색은 아닙니다. 대부분 검은색이죠. 검은색의 존재보다 흰색의 잠재성이 더 강조되는 문화를 알고 계시죠?) 수백, 수천 마리가 먹이를 찾으려고 모여듭니다. 아마 그들은 공동체토지신탁$^{community\ land\ trust}$이 있다는 걸 알고 있을 거예요. 한 번에 한 가구씩 개인적으로 구매하는 방식으로는 젠

트리피케이션에 효과적으로 대응할 수 없으니까요. 집
단이 필요합니다.

아이다 벨 웰스'가 멤피스를 떠나는 대규모 이주를
조직하는 일에 도움을 주었던 사례를 기억하나요? 다시
떠올리게 해 드리죠.

아이다 벨 웰스가 자신이 발행하는 신문에 기고한 사
설을 봅시다. "멤피스시는 흑인이 백인으로부터 자신을
보호하려 하거나 그의 라이벌이 되려고 할 때 어떠한 인
격이나 지위도 도움이 되지 않음을 보여 주었다. 멤피스
시는 우리의 생명과 재산을 보호하지 않았고 법정에서
공정한 재판을 하지도 않는다는 걸 보여 주었다. 다만 우
리를 끌어내 냉혹하게 살해할 뿐이다." (1892년의 일입
니다. 익숙한 일처럼 느껴지나요?) 아이다 벨 웰스 작품
선집에는 이런 구절이 나옵니다. "흑인들은 웰스와 도시
에 남아 있던 다른 사람들의 재정적 지원을 받아 거의 3
개월에 걸쳐 '수백 명씩' 멤피스를 떠났다."육체 노동력
과 사업 수익의 손실을 체감한 백인 시민이 웰스에게 대
이동을 중단해 달라고 호소할 때까지 이런 상황은 계속
되었습니다. 웰스는 거절했죠.[22]

돌고래도 무리 지어 이동하는 법을 알고 있습니다.
인간 이주에 가해지는 폭력적 규제와 유색인 공동체의
구조적 퇴거에 대응하기 위해서는 종을 넘어선 협력이

* Ida B. Wells. 미국의 흑인 저널리스트이자 여성참정권론자, 사회학
자로서 펜으로 차별과 혐오에 맞선 19세기의 상징적인 흑인 여성운동가
다. 1909년 전미흑인지위향상협회를 설립한 이들 중 한 명이기도 하다.

필요합니다. 이 돌고래들이 참고래, 혹등고래 같은 다른 돌고래들과 함께 거대한 무리를 지어 이동하면 안전과 협동에 도움이 됩니다. 빙하가 녹아내리는 데 적응해야 하는 이 시대에 어떤 형태의 종간 협업^{interspecies collaborations}이 필요할까요? (반려견 놀이터를 말하는 게 아니에요.)

이 처분의 시대에 당신이 얼마나 필요한 존재인지 스스로 기억할 수 있도록 도울 수 있는 이야기로는 무엇이 있을까요?

이를테면,

당신이 어디에 있든 세상은 당신과 함께이고 싶어합니다. 그들은 자기가 가진 도구를 들고 그곳에 도착합니다. 도구가 무기라는 게 밝혀집니다. 하지만 우주에는 검정의 기술^{Black technology}이 있습니다. 그것은 거대합니다. 체온입니다. 별들로 넘쳐나고 재생 가능한 동시에 대체 불가능한 우리 사이의 공간입니다. 어쩌면 세상은 당신 없이도 존재할 수 있을지 모릅니다. 하지만 나는 그럴 수 없어요. 당신과 함께 있지 않으면 집이라는 건 존재하지 않습니다. 당신이 여기에 없다면 집 같은 건 존재하지 않습니다.

쥐가오리는 다른 가오리들과 달리 당신을 실제로 쏠 수 있는 부위가 없습니다. 상어나 조개껍데기를 깨부수는 가오리의 친척들과는 달라요. 오히려 연골어류에 가까우며 날카로운 이빨이 없습니다. 그들은 여과 섭식자

filter feeder입니다. 플랑크톤을 흡입합니다. 때로는 협력도 하죠. 이들은 자메이카에서 '파트너'라고 부르는 것의 시간 압축 버전이나 카리브해와 서아프리카의 다른 사촌들이 '수수susu'라고 부르는 방식을 연습합니다.** 이들은 둥글게 모여 물 같은 날개를 펄럭이며 플랑크톤을 최대한 많이 모으고, 나머지가 공간을 지키는 동안 번갈아 가며 먹습니다.

뾰족한 이빨, 날카로운 꼬리는 없지만 넓은 날개로 소금을 품고 가슴 한가운데의 입으로 영양을 빚어내는 당신의 모습이 떠오릅니다. 당신, 당신의 열린 마음을 향해 춤추는 자원들 사이에서 내 입을 다물 정도로 절제할 수 있길 바랍니다. 내 주변을 떠다니는 모든 것으로부터 필요한 걸 걸러낼 수 있다면 도움이 되겠지요.

그러니 나는 두 팔을 벌리고 연약한 얼굴로 당신과 함께 원에 머무를 수 있습니다. 인내심을 갖고 함께 실천할 것을 약속할 수 있습니다. 날카로웠던 부분은 나의 특정성이 되고, 가시였던 부분은 날개가 됩니다.

** '파트너' '수수'는 순환 저축 및 신용 조합의 일종으로 비공식 저축 모임을 가리킨다. 카리브해 지역의 여성들은 상업적이고 개인화된 형태의 은행에 저항하는 한 가지 방법으로 이와 같은 모임을 이용하고 있다. 다음 연구를 통해 더 자세한 내용을 살펴볼 수 있다. Caroline Shenaz Hossein, 'Caribbean Women's Use of Susu, Partner, Sol, and Boxhand as Quiet Resistance,' Community Economies in the Global South: Case Studies of Rotating Savings and Credit Associations and Economic Cooperation, Oxford: Oxford 2022.

6. 취약해지기

우리의 예민한 가장자리가 무엇을 가르쳐 주려고 하는지 궁금합니다. 우리의 죽음과 개방성은 모두가 굴복할 수밖에 없는 생태계에 어떤 의미가 있을까요? 여기서 나는 나의 이상한 치아, 우리와 비슷한 방식으로 이미 상처받은 사람들에게 다시 상처를 주는 경향, 우리가 가장 많은 영향을 받은 문제를 정말로 주도하기 위해선 어떤 조건이 필요한지 살펴보고자 합니다. 해양 포유류는 자신과는 상관없이 온도가 변하는 변덕스러운 물질 속에서 살아갑니다. 그들의 피부는 항상 노출되어 있고 깊은 수심에 둘러싸여 있습니다. 어떻게 하면 우리가 더 침투적으로, 우리가 놓여 있는 맥락에서 무한한 변화 가능성을 유념하면서, 우리 자신과 서로의 필요에 더 열린 마음으로 살아갈 수 있을까요?

낫돌고래('래그^{lags}'라고도 불리죠)는 사회성이 발달한 동물입니다. 다른 여러 종류의 고래, 돌고래 심지어 바다표범, 바다사자, 바닷새들과도 함께 모여 지냅니다. 그들은 사냥과 낚시를 위해 협력합니다. 때로는 수십 마리에서 수천 마리씩 무리 지어 이동하고요.

관찰자들은 이 무리 안에서 한 가지 규칙을 발견했습니다. 안내서는 다섯 마리 이하의 돌고래들이 서로 '지속적인 동맹'처럼 보이는 그룹을 '긴밀히 연결된' 조직이라 지칭합니다. 무리 안에서 이 조직을 특징 짓는 건 무엇일까요?

이들을 나타내는 표식이 있습니다. '심각한 상처'를 입었거든요. 이 상처는 어떻게 생긴 걸까요? 이 돌고래들은 천적으로 알려진 범고래의 공격에서 살아남은 생존자들일까요? 참치 그물이나 낚싯배의 프로펠러로부터 살아남았을까요? 아니면 서로에게 상처를 입혔을까요? 일부 과학자들은 이 돌고래들이 모두 수컷일 가능성이 있다고 합니다. 싸우긴 했어도 가장 친한 친구가 되기로 한 걸까요? 어쩌면 그들은 내가 언급한 이 모든 일로 상처받았어도 서로를 곁에 둘만큼 충분히 현명한 존재일지 모릅니다.

우리는 왜 비슷한 방식으로 상처 입은 사람들과 이따금 모이게 될까요. 때로는 (나를 포함한) 우리가 왜 상처가 있다는 이유로 정체성이나 심지어 조직의 이름을 짓는지, 어떻게 비슷한 취약성을 가진 사람들이 서로에게 상처를 입히는지도 궁금합니다. 가끔은 친밀한 폭력에 의해 형성된 상처의 세계에서 무엇이 우리를 가깝게 만드는지도 궁금합니다. 이렇게나 체계적으로 깊은 상처를 주는 세계에서 말이에요.

또 하나. 돌고래와 고래의 상처는 그들을 도와줄 이에게 자신이 어떤 존재인지 말해 줍니다. 과학적 관찰을 할 때 이들을 구분하는 방법이기도 합니다. 정확한 개체 수를 파악하고 여러 탐험에서 행동을 추적하는 데도 유용합니다. 상처가 있는 돌고래는 관찰자들이 알아보고, 인지하고, 이름 붙일 가능성이 더 높습니다. 연구 지원금 신청 보고서에서 언급되기도 하죠.

나도 그렇게 하고 있는 걸까요? 당신이 나를 알 수 있는 가장 편리한 방식이 내 상처일까요? 왜 상처는 내가 나 자신을 알게 되는 방식에 많은 영향을 미치는 걸까요? 인식의 역학 전체는 어떻게 우리를 형성하고 상처를 입힐까요?

내가 알고 있는 건, 당신을 가까이 붙잡고 당신의 범위 내에 머물기로 한 내 선택이 틀리지 않았다는 거예요. 나는 알고 있었죠. 우리가 여전히 치유되고 있는 중이란 걸 항상 알고 있었습니다. 당신은 내가 완벽하지 않다는 걸 바로 알 수 있었습니다. 당신은 세상이 무슨 짓을 했는지 조금이나마 알 수 있었습니다. 하지만 아직 끝나지 않았어요. 끝이 아니에요. 당신의 상처는 당신에 대해 내가 아는 전부가 아니죠. 내 흉터 또한 당신이 알기를 바라는 나의 전부가 아닙니다. 당신의 이름은 내 안에서, 그 자체로 삶이 만들어지는 곳이에요. 당신의 이름은 내 피부 위에 바른 연고예요. 우리의 친족 관계는 바다 전체를 치료하는 그런 연고입니다. 그리고 사랑은 내가 당신을 알거나, 모르는 곳입니다. 사랑은 우리가 시작된 곳이고, 시작하는 곳입니다.[23]

점박이돌고래*Stenella attenuata*가 어떻게 자신의 자리를 되찾지 못했는지 이야기 하려고 합니다.[24] 그녀가 어떻게 숨었는지에 관한 이야기일 수도 있겠네요. 또는 왜 대서양에 있는 점박이돌고래(대서양에 있는 대서양점박이돌고래와 헷갈리지 마세요)는 다른 곳의 점박이돌고래들과 달리 반점이 없는 것처럼 보일까요?

점박이돌고래는 숨었습니다. (서술형 부정사의 의미에서) 발견되지 않기 위해 가장 좋은 방법은 (수동태의 의미에서) 몸에 반점을 새기지 않는 것이며 반대도 마찬가지입니다. 일단 한번 목격되면 끝이니까요. 그래서 그녀는 숨었습니다. 일단 이렇게 말할 수 있겠어요.

다른 식으론 이렇게 말할 수도 있겠습니다. 따뜻한 대서양에서는 어떤 일이든 일어날 수 있다고요. 아무리 대단한 수영꾼이라 하더라도 피부의 의미가 바뀌는 바다라는 현장, 바로 이곳이 피로 물든 대서양이라는 약점을 고려해야 합니다. 잠행 능력이 필요하죠.

내가 아는 게 무엇일까요? 은신을 압니다. 슬픔, 불안, 수치심으로 약화되지 않은, 불투명한 이미지를 만드는 일을 알고요. 적어도 나는 그렇다고 생각합니다. 나는 여러 번 모습을 드러냈고, 그렇게 해서 당신으로 하여금 내가 여기에 홀로 존재한다고 생각하게 했습니다. 유령의 도움 없이도, 그 어떤 일에도 겁에 질리지 않은 채로요. 들키지 않는 가장 좋은 방법은 발견되지 않는 거죠.

하지만 다른 방법이 가능하고 내가 들인 땀이 소용없다면 어떨까요. 나의 주근깨 많은 결점과 두려움을 억압하느라 노예제보다 더 오래된, 부끄러움 없이 수천 년을 살아온 내 사랑의 바다를 존중하지 못한다면 어떨까요? 만약 내가 눈에 띄지 않게 헤엄치는 장면을 당신이 본다면, 그게 당신 안에서 깨어날 지혜를 희생시키는 일이라면 어떨까요? 내가 당신과 나의 위험을 무릅쓰고 나에 대한 진실을 무시하도록 당신을 훈련시켰다면 어떡하죠? 그럼 어떻게 될까요?

알락돌고래속*Stenella*에는 줄박이, 점박이, 긴부리, 교잡종 클리메네 등 많은 돌고래가 있습니다. 우리가 모두 각자 특정성을 가진, 필요한 존재라면 어떨까요? 당신이 반점이 있는 나를 사랑한다고 믿어도 될까요? 당신이 나를 알아본다면, 시간이 다 된 걸까요?

때때로 사람들이 견디기 힘든 내 안의 지저분한 부분을 봤다는 걸 알아요. 그들이 나를 거부하길 두려워하기보단 이런 나의 야생성이 내겐 더 소중한 걸까요? 공적인 장소에선 내가 느끼는 모든 감정을 말할 수 없을 때가 있습니다. 때로는 어찌 되건 말해 버릴 때도 있죠. 해양 포유류에 대해 내가 얻은 첫 번째 교훈은 숨을 쉬고 있다면 말도 할 수 있다는 거였죠. 심지어 울면서도요. 나는 바닷물 속에서도 숨 쉴 수 있습니다. 이 난장판 속에서도 살아갈 수 있어요.

포유류는 포유류를 알아봅니다. 알아볼수록 더 많이 알아채죠. 나는 당신과 당신의 반점, 그것이 우리에게 가르쳐 주는 모든 것을, 이 자리를 사랑합니다. 나는 당신 뿐 아니라 당신의 피부도 사랑해요. 가장 혹독한 시험을 치르는 피부라는 점에서요. 나는 당신이 내가 알아차리 기를 기다리면서 숨긴 모든 것, 당신이 준 모든 것, 당신 이 보여 준 모든 것, 당신이 만든 모든 것을 사랑합니다. 바다는 내 피부의 모든 구멍에 걸쳐 넓게 펼쳐져 있습니 다. 소금은 소금을 알아봅니다. 더 많이 알아볼수록 더 많이 알아챕니다.

바다코끼리의 엄니는 성장을 멈추지 않습니다. 상아 경제를 피해 온 나이 많은 바다코끼리의 징표는 긴 이빨 이죠. 실제로 바다코끼리의 긴 앞니는 바다코끼리의 움 직임을 주도합니다. 눈 앞의 얼음을 감지하는 역할을 하 거든요. 깊은 바다와 수면 사이를 이동할 때는 온몸의 무 게를 지렛대처럼 활용합니다.

『내셔널지오그래픽^{National Geopraphic}』은 바다코끼리의 학 명인 오도베누스 로스마루스*Odobenus rosmarus*를 '이빨로 걷는 해마^{tooth-walking sea horse}'라고 번역합니다. 나는 이빨로 건 도록 진화할 수 있을까요?

그건 그렇고 내 이빨은 뿌리가 아주 깊습니다. 내 젖 니는 거의 빠지지 않았습니다. 단 한 번도요. 한두 개를 제외하고는 전부 발치해야 했죠. 사랑니가 여섯 개나 있 다는 사실을 성인이 되어서야 알게 되었고 그것들도 뽑

아냈어요. 엑스레이 사진을 보면서 내가 진화 이전의 사람이라는 생각이 들기 시작했죠. 바로 나의 선조들처럼요. 가끔 나는 내 모든 치아를 그리워합니다. 내 과개교합(윗니가 아랫니를 덮는 부정교합 유형)도요.

내 머릿속 뼈에는 많은 일이 일어났습니다. 선사시대적인 내 입 모양이 완전히 바뀌기도 했죠. 수술 후 몇 년이 지났지만 구강외과 의사가 놓친 이뿌리 조각이 여전히 다른 치아를 지탱하고 있다는 사실을 알고 있나요? 끈질긴 내 입안의 선조들. 감사 기도를 드립니다.

가끔은 치아가 (요정이나 다른 사람에게) 팔리지 않는 세계, 미소가 상품화되지 않는 세계, 치아를 드러내기를 강요하지 않는 세계에 살면 좋겠다고 생각합니다. 내가 말하는 만큼 행동하기. 내 입이 이끄는 곳으로 내 모든 무게가 따라가기. 그게 가능할까요? 내가 그럴 수 있을까요?

우리는 종종 무시할 수 없는 감정에 이끌리곤 합니다. 치통, 감정을 촉발하는 방아쇠, 긴장 같은 것들 때문이죠. 짖거나 물 때마다, 우리의 모든 움직임 뒤에 숨어 있는 엄청난 감정의 무게에 대해 생각한다면 어떨까요? 태양 속으로 나아가기 위해 실제로 필요한 것이요.

내가 당신을 얼마나 사랑하는지요. 당신이 숨기지 못하는 예민함을 사랑합니다. 당신이 되돌릴 수 없는 말들도 사랑합니다. 다문 입에 들어맞지 않는 이빨들과 함께, 당신을 어딘가로 끌어올릴 수밖에 없는 어쩌지 못하는 믿음과 함께요. 당신은 당신을 집으로 인도할, 성장하는 당신의 이빨을 신뢰하는 법을 배웠습니다. 그랬습니다.
당신은 매일 그렇게 합니다. 정말 용감합니다. 그리고 강
하죠. 앞으로 나아가는 당신의 얼굴. 당신의 자라는 뼈.
당신의 지혜가 그렇습니다.

7. 존재하기

　바로 여기, 우리가 있습니다. 존재가 자신을 내어주는 곳에. 자신들의 위치를 표시하기 위해 끊임없이 소리를 사용하는 인더스강돌고래와 과학자들도 설명할 수 없는 이유로 공중제비를 도는 긴부리돌고래, 벵겔라돌고래*를 유심히 바라보면서요. 시공간의 차이를 넘어 함께 존재한다는 건 어떤 의미일까요? 존재는 개인과 개인, 종과 종, 은하와 은하 사이를 넘나들고 어떤 면에서는 영원합니다. 인더스강돌고래가 멸종 위기에서 어떻게 다시 살아났는지에 주목하면서 지구에서 우리의 존재, 지구의 불안정성에 관해 어떻게 다시 생각할 수 있을까요? 혹등고래의 신화적인 시장가치를 넘어 혹등고래 자체를 사랑하고, 자본주의의 가치 평가 방식이 아닌 다른 방법으로 우리 자신을 사랑할 수 있을까요? 해양 포유류의 가르침은 우리 자신과 서로를 사랑하는 방법을 아는 걸 넘어 생존과 그것의 흘러넘침으로, 축제로 존재할 기회를 제공합니다.

---

*　일반명 헤비사이드돌고래(Heaviside's Dolphin).

대부분 고래목 동물은 눈 위에 수정체가 있어 물속에서도 볼 수 있습니다. 그러나 인더스강돌고래는 그렇지 않습니다. 게다가 물은 너무 빠르게 흐르고, 가득 차 있고 혼탁해서 그들의 눈으로 보면 거의 아무것도 보이지 않습니다. 그래서 그들은 목소리로 봅니다.

인더스강돌고래는 소리로 살아갑니다. 밤낮으로 끊임없이 소리를 내고 소리를 탐지합니다. 빠르게 움직이는 환경 속에서 그들은 어디인지, 또 어디인지, 다시 어디인지 묻습니다.

인더스강돌고래가 쓰는 시는 이곳에서 지금 흘러가고 있는 소리이며, 자신을 둘러싼 것들에 대한 음향적 자각이자 사색적 존재 형식입니다. 바로 이곳에서요.

인더스강돌고래의 고향은 인위적인 변화를 많이 겪었습니다. 우선, 오염을 겪었지요. 우선, 빈곤을 유발하는 불법적인 어업도 겪었고요. 우선, 그전에는 바다 괴물에 대한 전설이 있었고 1980년대에는 어부들을 공포에 떨게 한 조직폭력배 집단 다쿠 라즈의 신드 강독 점령 사건이 있었습니다. 이 모든 일을 겪었을 인더스강돌고래는 밤낮으로 클릭음을 내며 여기라고 말합니다. 여기, 여기입니다, 여기라고요. 내가 배우고 싶은 언어로 말하지요. 멸종 위기에 처한 인더스강돌고래의 개체 수를 1972년부터 세어 온 과학자들에 따르면 매년 꾸준히 개체 수가 증가하고 있다고 합니다. 처음 세기 시작했을 때는 132마리였는데 올해(2020)는 1,419마리가 되었습니다. 여기, 여기입니다, 여기라고요.

제가 자란 언어에서 '여기here'라는 단어는 '우리가 있는 곳'을 뜻합니다. 또한 '여기'는 '이걸 너에게 줄게'를 의미하기도 합니다. 인더스강돌고래에게서 지속적인 존재와 헌신의 언어를 배울 수 있을까요? 한 종을 벼랑 끝에서 다시 살려 내는 언어, 생명을 주는 언어를 내가 배울 수 있을까요? 우리가 그걸 배울 수 있을까요? 밤낮으로 연결된 컴퓨터에서 각기 다른 방식으로 클릭하는 우리가요?

여러분에게 말하고 싶은 건, 내가 지금까지 말했던 내용보다 더욱 미묘한 수용형 언어의 영역이 필요하다는 점입니다. 이를 위해선 내 이마와 폐의 모양을 바꿔야 합니다. 시각 정보에 대한 나의 의존도를 낮춰야 합니다. 그러니 나는 눈을 감고 이렇게 말할 거예요. 여기. 여기에 내가 당신과 함께 있다고요. 여기에 내 모든 게 있습니다. 그리고 여기에 우리가 있습니다. 여기. 눈먼 존재 안에요. 여기. 움직이는 세계 속에서 끊임없는 부름이 있어요. 여기. 여기에. 집을 향해 겸허히 귀 기울이기. 그리고 여기. 그리고 여기. 바로 여기. 당신을 위한 나의 시. 내가 내어 준 존재. 이 혼탁한 삶. 그렇습니다. 자, 여기 있습니다.

그저 돋보이려는 돌고래들도 있습니다. '스피너spinner(긴부리돌고래)'는 한 번의 도약으로 자신의 주위를 세 번에서 일곱 번까지 돈 뒤 다시 물속으로 착지하는 전 세계의 다양한 돌고래들을 가리키는 이름입니다. 돌고래가 왜 이런 행동을 하는지 설명하는 여러 가설이 있지만 아무도 진짜 이유를 모릅니다. 어쩌면 우리가 메시지를 놓치고 있는지도 모르죠.

달이 끌어당기는 바닷속 행성에서 당신이 행성처럼 빙글빙글 돌며 날 수 있다면 어떨 것 같나요? 최대 3,000마리에 이르는 무리와 수시로 출산하고 온종일 짝짓기를 하고 많은 부모를 둔 아름답고 난잡하게 사는 긴부리돌고래에게 가족의 정의는 '누구든 여기 있는 이'인 것 같습니다. 과학자들도 이를 포착하고 있습니다. 왜냐하면 긴부리돌고래의 정의는 '저런 방식으로 회전하는 누구든'인 것 같기 때문이지요. (크기·생김새·지역·행동이 다른 다양한 개체군이 모두 이 이름으로 분류되어 있습니다.)

나 역시 여러분이 어디에 사는지, 무엇을 먹는지가 아니라 당신이 이유 없이 하는 일을 통해 당신을 아는 것 같아요. 아니면 설명할 필요가 없을 정도로 이유가 명백할 수 있습니다. 내 마음속 자본주의의 바퀴가 회전하는 걸 놓아 버리고 온몸으로 공기를 만나고 싶습니다. 춤추는 이들, 선택한 친족에 둘러싸여 아랫배를 숨기지 않고도 자유롭게 날 수 있다면. 그럴 거예요. 그랬던 것 같아요. 과거의 어느 날에요. 기억나나요? 당신도 그곳에 있었습니다.

오늘 나미비아 앞바다에는 잘생긴 돌고래들이 공중 제비를 돌고 있을 가능성이 꽤 높습니다.

벵겔라돌고래는 주기를 가르칩니다. 예를 들어 내가 태어난 해인 1982년, 우리 계보의 첫 번째 이름인 알렉시스 드 보Alexis De Veaux가 뉴욕에서 나미비아의 해방 소식을 기다리다 그 소식을 듣지 못했을 때, 이 돌고래의 선조 중 일부는 벌컥 화를 냈을지도 모릅니다. 『에센스 매거진Essence Magazine』의 한 페이지에서 알렉시스는 이렇게 말했습니다. "거울을 보면서 나미비아를 보지 않을 수는 없다."25 보고도 보지 않을 수는 없습니다. 그녀는 미국 흑인 여성들에게 SWAPOthe South West African People's Organization, 서남아프리카인민조직의 투쟁을 통해 우리의 삶과 연결되어 있는 해방의 복잡성을 배우자고 호소했습니다. 당신이 처한 상황에서 펄쩍 뛰어올라 몸을 환상적인 아치형으로 구부린 다음, 자신의 둥근 형상을 더 잘 인식하면서 원래 있던 자리로 되돌아가는 동작처럼요.

알렉시스 드 보는 성찰과 흑인 페미니스트의 연대를 가르칩니다. 자아는 현재 구조에서의 성공을 위한 개별적 단위가 아닌, 무언가 다른 걸 추구하는 흑인 집단의 접속면이라는 것을요. 어둡게 듣기. 우리가 '자아'에서 발견하기 두려워하는 걸 정확히 '서로'에게서 찾자는 초대입니다. 물론 알렉시스를 보면서 알렉시스를 보지 않을 수는 없어요. 그렇기에 나는 알렉시스를 연구합니다.

벵겔라돌고래(우리 집에서는 잘생긴 나미비아돌고래라고 불러요)는 자신을 과시하기 위해 홀로 공중제비를 돌지 않습니다. 사회적 상호작용 중에만 엄격하게 도약하고 원을 만듭니다. 내가 당신과 함께 있을 때, 그건 결코 일직선의 상호작용이 아니었음을 기억합니다. 움직임이 둥근 모양이었어요. 내가 축복하는 이유입니다. 아침의 긴박함과 일관성을 동원해 당신에게 귀를 기울이는 이유입니다. 당신의 사랑은 되풀이되는 바다니까요. 당신의 사랑은 하늘과 만나는 나의 얼굴이니까요. 모든 각도에서 당신에게 나의 모습을 보여 줄게요. 보여 주고자 합니다. 여기, 이걸 봐요!

혹등고래 홍보 담당자를 칭찬해야겠어요. 그는 육지에 사는 인간들이 고래목 동물을 얼마나 무자비하게 대하는지 알리는 데 성공했지요. 많은 포스터에 등장하는 노래하며 뛰어오르는 혹등고래들을 떠올려 보세요. 그런데 어떻게 혹등고래는 가장 많이 연구되는 고래가 되었을까요? 당신을 연구하는 사람들이 자본주의자들일 때 도움 되는 점이 하나 있습니다. 꼬리에 있는 표식으로 혹등고래 개체를 쉽게 식별할 수 있다는 점이지요. 그리고 혹등고래는 혼자 있길 매우 좋아하는 동물입니다. 짝 짓기 때를 제외하고요. 그런데 심지어 그 시기에도 그들은 소규모 무리로만 만납니다.

하지만 2년 전 남아프리카 해안에서 (지금까지 알려진 바로는) 전례 없이 수백 마리의 어린 혹등고래가 무리를 지어 과학자들을 당황하게 했습니다. 그들은 무얼 하고 있었던 걸까요? 바로 지난주에는 마르고 아파 보이는 이상한 혹등고래가 샌프란시스코만으로 헤엄쳐 들어왔고 별명을 얻었습니다. '앨리Allie'라고요. 흠.

나는 궁금합니다. 우리가 다른 존재에게 수용될 수 있는 특성을 버리고 약탈적인 '동맹'을 지향하기 위해 행동 양식을 바꾸면 어떤 일이 벌어질까요. 우리의 독특하고 매력적인 노래만큼, 혹은 그 이상으로 우리의 거대한 영향력을 더 중요하게 여기면 어떻게 될까요? 지구를 펄펄 끓이는 게 현명하다고 생각하는 사람들에게, 우리가 영리하며 감정을 느낄 수 있는 능력이 있음을 증명한 후에는 어떤 일이 벌어질까요?

누구도 특별하다고 생각하지 않는 여러분의 모습을 사랑합니다. 판매될 수 없는 일상을 사는 당신이 가진 평범한 부분들을 사랑합니다. 당신을 둘러싸고 있는 것들이 나를 황홀하게 하기에 당신을 좋아합니다. 곧 다시 모여요. 아주 많은 우리 모두요. 기자회견에서 말할 수 있는 부분보다 더 많이 당신을 사랑합니다. 언제든 당신이 원할 때 솟구치기를.

8. 맹렬해지기

남아프리카 출신 백인 다이버를 삼킨 무지개 호흡을 하는 고래를 알고 있나요? 해양 포유류는 매일 위험한 상황을 헤쳐 나가며 우아하고 맹렬하게 살아갑니다. 예를 들어 범고래에게서 인간의 지배라는 슬픈 소극에 관해 무엇을 배울 수 있을까요? 아니면 먹이 공급을 침해하는 인간에게 생선을 요청하는 돌고래로부터 무엇을 배울 수 있을까요? 아니면 신랄한 토니 모리슨^{Tony Morrison}과 감히 비교할 수 있을 만큼(결코 가벼운 비교가 아닙니다) 맹렬한 얼룩무늬물범에게서는 무엇을 배울 수 있을까요? 우리의 가장 용감한 호흡은 무엇인가요? 자기 결정권을 위한 우리의 당당한 행동은 무엇일까요?

1970년 이전만 해도 범고래, 일명 블랙피시라고도 불리던 고래들은 멸시받았습니다. 군 기지에서는 바다를 향해 총을 겨누고 대단한 이유 없이 그들을 발견할 때마다 죽였죠. 10대 소년들은 22구경 총으로 범고래를 쏘았고, 칼로 베며 천천히 고통스러운 죽음에 이르도록 했습니다. 그 동네의 어른들은 거대한 유해 동물을 죽였다며 박수쳤고요.

범고래의 전 세대, 그 중에서도 주로 아기 범고래가 포획된 1970년대 이후는 어떤가요? 해양수족관의 마케팅을 통해 범고래는 포스터에 등장하거나 인형으로 만들어졌고, 씨월드의 주요 볼거리로 출연하면서 '사랑받는' 존재가 되었습니다. 자본주의 세계에서 시장성 있는 포로죠. '사랑받는다'는 건요.

나는 다른 정의^{definition}를 옹호합니다. 1970년 이전과 이후의 범고래가 영향력이 있다고 말하고 싶습니다. 전지구에 퍼져 있는 여러 세대에 걸친 모계 집단의 범고래 가족은 같은 서식지에 있는 다른 모든 종에 영향을 미칩니다. 바다표범이 육지로 이동하도록 북돋고 말코손바닥사슴이나 혹등고래처럼 다양한 동물의 이동에 영향을 미칩니다. 범고래는 큰 돌고래입니다. 그녀를 두려워하지 않을 만큼 큰 종은 지구상에 없죠. 존경을 표합니다. 범고래는 서로를 고유한 거주 집단으로 존중하며 그들만의 사회 질서를 기립니다. 범고래는 아이들을 돌보기 위해 협력합니다. 그들은 공공장소에서 몇 달, 몇 년 동안 슬픔을 표현하는 걸 두려워하지 않습니다. 나는 범고래가 강력하고 영향력 있으며 필요한 존재라고 말하고 싶습니다. 미묘하고 장엄하며 용감하고 또 헌신적이죠. 이것이 내가 사용하는 단어입니다.

마이애미 해양수족관은 '롤리타^{Lolita}'라는 이름의 범고래가 연령대를 불문하고 모든 이의 사랑을 받는 명소입니다. 이 수족관은 롤리타가 살던 고향인 샐리시해^{Salish Sea}의 서식지보다 가장 작은 수조에 있는 게 더 안전하다고 말합니다. 선주민 부족 루미^{Lummi} 친척들의 목소리에 내 목소리를 더해 롤리타는 그녀의 이름이 아니라고 말합니다. 그 이름인 적도 없었습니다. 이번 여름 루미족은 토키타에^{Tokitae}라고도 불리는 이 고래의 이름을 짓는 의식을 거행했습니다. 그녀의 신성한 새 이름은 스칼리치테나우트$^{Sk'aliCh'elh-tenaut}$로, 이 이름은 그녀가 포획되지 않았다면 살고 있었을 곳 근처의 선주민 마을, 그러니까 고래와 실질적이고 신성한 관계를 맺을 수 있었던 사람들의 집단을 가리키는 이름입니다. 또한 그 이름은 내가 읽은 대로 집을 의미합니다. 범고래 팬덤의 '사랑'에 포획되어 버린 그녀 세대의 마지막 생존자를 위한 집이 될 가능성을 보여 주지요.

세대를 이어 가는 누군가를 사랑한다는 건 어떤 의미인가요? 생태계는 그녀를 중심으로 형성됩니다. 그녀를 향한 크고 작은 밤중의 꿈. 아이가 잡혀가는 걸 목격하고는 포획의 위험에도 불구하고 그곳에서 머물며 소리 지르는 이를 사랑한다는 건 어떤 의미일까요? 그녀의 슬픔이 다른 단계로 넘어가기까지 누가 그 아이의 시신을 들고 다닐까요? 누구나 부서진 마음을 내색하지 않으려 합니다. 그렇게 거대하고 망설임 없는 사랑을 본 적 있나요? 우리가 그 사랑을 배울 수 있을까요?

송환 소송을 제기하고 있는 루미족에게 고맙습니다. 나는 스칼리치테나우트를 그녀의 집으로 돌려보내 달라 요구하는 이들을 지지합니다. 그녀의 집이 그녀의 이름입니다. 그녀를 그녀의 이름으로 되돌려 보내주세요. 들리지 않나요? 그녀의 이름은 집입니다. 그녀는 그녀 이름 안에 있어야 합니다.

비명에 대한 사랑으로 당신을 사랑합니다. 목격에 대한 사랑으로 당신을 사랑합니다. 너무 복잡해 내가 이름 붙일 수 없는 너무 오래되고 깊은 사랑으로 당신을 사랑합니다. 오 사랑, 내가 내 이름 안에 살 수 있다면. 나는 이를 사랑이라 말했습니다. 집이 집인 곳에서, 집에 살고 싶어요. 나는 당신이 파악하거나 포착할 수 없는 사랑에 살아요. 내 이름은 사랑입니다. 사랑을 집으로 삼아 살고 싶어요. 나는 그 안에 살고 싶어요. 광활하고 힘 있는 곳. 독특하고 신성한 곳이요. 나는 그것을 당신에게 말할 권리를 얻고 싶어요. 사랑이요.

과학자들은 남방큰돌고래가 '비교적 공격적'이라 말합니다. 그들은 자신의 먹이를 빼앗는 상업 낚시 혹은 스포츠 낚시 어부들의 줄과 그물에서 물살이를 되찾습니다. 호주 샤크베이에서는 1960년대부터 어선들에 (물살이 형태로 내는) 세금을 강경하게 요구하기 시작했습니다. 실제로 그렇게 세금을 거두어들였고요. 이제 그 해안을 찾는 관광객들은 당신의 손에서 물살이를 낚아채는 돌고래들의 비명에 즐거움을 느끼기 위해 헌납할 돈을 기꺼이 들고 옵니다. (내 생각에 우리는 모두 다종간 역할놀이의 꿈을 꾸나 봅니다.)

남방큰돌고래들처럼 상어들 사이에서 살아가는 돌고래 여러분이 자랑스럽습니다. 당신의 상처에 새겨진 날카로운 메시지에 감사합니다. 물린 자국은 당신이 타고난 권리를 요구한다는 걸 나타내죠. 상어는 보통 아주 어린 남방큰돌고래를 잡아먹으려고 합니다. 그래서 돌고래들은 서로 가까이 붙어 소란스럽게 지내지요. 또 어선을 공격하며 자기들의 몫을 요구합니다.

우선 당신이 인간의 그 모든 도둑질에도 불구하고 하루라도 더 살아남아 소리 질러 주어서 감사합니다. 당신이 알고, 필요로 하고, 기억을 담은 울분에 찬 눈으로 권력을 직시하는 모습에 경외감을 느낍니다. 우리의 배상은 당신의 지도력에서 비롯될 거라고 확신합니다. 당신들의 상처와 지혜, 이빨의 지식, 대담한 결속에서요. 내가 당신 옆에서 함께 지르는 소리가 들리나요? 당신이 가까이에 있기를.

얼룩무늬물범은 당신을 두려워하지 않습니다. 그녀는 당신을 두려워하지 않아요. 단 한 번도 그러지 않았지요. 그녀는 당신에게 미스터리로 남아 있습니다. 당신은 그녀의 방식으로 그녀를 연구해야 하지만 아직 방법을 모릅니다. 괜찮습니다. 당신은 그녀를 정확히 아는 게 두려웠음을 스스로 인정할 수 있습니다. 잊을 수 없는 그녀의 노래. 남극 대륙의 얼음 위와 물속은 그녀가 지배하고 있습니다. 당신이 그녀를 사랑하러 온다면 아마 그녀가 당신을 더 잘 사냥하겠지요. 그곳은 그녀의 집이니까요.

흑과 백? 그녀에겐 간식일 뿐입니다. 펭귄이든 아무 오리너구리든 이들은 더 깊고 매끈하고 오래된 무언가에 영양분을 줍니다. 사실 흑백의 검정보다 더 검정이죠. 그녀는 진정 냉혹하기에 가까이할 수 없습니다. 그녀를 완전히 이해할 수 없을 거예요.[26]

이런 모든 이유로 얼룩무늬물범은 관대할 수 있습니다. 그녀는 당신이 받을 만할 자격이 없는 모든 걸 줄 수 있습니다. 처음엔 그것이 관대함으로 보이지 않을 수 있어요. 그녀는 당신의 고무보트를 터뜨려 보트가 단지 공기일 뿐이었음을 알려 줄 거예요. 당신을 떠 있게 만들어 준다고 생각하는 게 당신을 지탱하지는 못합니다. 그녀는 당신에게 사냥당하는 기분을 느끼게 할 거예요. 만약 이 기회를 잡을 수 있다면 강자라 생각했던 당신의 주제넘은 착각을 버릴 기회가 되겠지요.

사진작가 폴 니클렌Paul Nicklen은 얼룩무늬물범이 별다른 이유 없이 펭귄을 여러 번 가져다 준 적이 있다고 말합니다.[27] 어떻게 생각하나요? 열한 번이나 그랬다고요? 그들을 펭귄을 일렬로 늘어 놓았습니다. 당신이 얼음 위의 이 글씨들을 이해할 수 있도록요. 내가 무엇을 찾았는지 봐요. 이제 사진을 찍으세요. 네. 당신이 허락한다면 그녀는 당신에게 무언가 가르쳐 줄 거예요.

그녀가 어떻게 한 걸까요? 어떻게 지구의 남쪽 끝을 정점으로 만들었을까요? 어떻게 모든 날개 없는 흑백의 새를 깊은 바닷속에서 그토록 작게 보이게 만들었을까요? 어떻게 물과 얼음 속에서 잊을 수 없는 아름다운 노래를 부를 수 있었을까요?

내가 아는 건 당신이 입을 크게 벌리고, 당신을 통해 흘러 드는 바다를 허락했다는 거예요. 당신의 맹렬하고 지적인 움직임에 감사할 뿐입니다. 당신의 모든 장엄한 심판에 대해서도요. 당신 이름은 '나는 날카로운 발톱으로 물을 다룬다'라는 뜻이라고 합니다. 맞아요. 나는 모든 긁힌 자국이 각본이자 성서라고 말합니다. 당신은 마치 물처럼 돌과 땅과 역사를 빚어 낸다고 나는 말합니다. 세상을 짓는 사람, 당신은 우리가 얻을 수 있는 부분보다 더 많은 걸 우리에게 줍니다.

사람들은 그를 웨델물범이라 부르지만 그건 그의 이름이 아닙니다. 여러분 중 누군가 말고는 이 웨델물범만큼 먼 남쪽에 사는 포유류가 없죠. 그는 얼음 밑 깊은 곳으로 잠수해 노래합니다. 당신이 한밤중의 잠에서 깨어났을 때 80년대 외계인 영화에서 나오는 것 같은 얼음 흔들리는 소리가 들린다면 바로 그가 자신의 존재를 알려 주는 겁니다.

과학자들은 그들만의 소설을 쓰죠. 그들은 짝짓기 소리라고 하지만, 웨델물범은 인생의 절반이 지나서야 비로소 짝짓기를 합니다. 과학자들은 영역 문제 때문일 거라고 하지요. 하지만 여기에는 당신 말고는 아무도 없습니다. 그리고 우리. 우리는 지구 바닥 전체에 퍼져 있죠.

그는 800미터 아래로 잠수해 공명 자기장인 지구를 이용하고 숨 쉴 수 있는 작은 구멍을 찾을 거예요. 들리지 않나요? 그가 당신을 추적하지 않을 거라고 생각하나요, 추적자 여러분? 들어 보세요. 그저 들어 보세요. 그는 숨을 쉬면서 주변 공기를 데워요. 그의 고향에서 그는 무어라 불릴까요? 부러진 이빨과 구부러진 입 때문에 당신을 향해 웃는 것 같다고 말했죠. 왜일까요? 웨델이 그의 조상을 죽이러 온 살인자였다면, 당신은 살인자의 이름으로 그를 부르고 있는 겁니다. 당신을 보고 웃는 것 같나요? 당신이 웨델물범이 사는 곳 전체를 녹게 만드는 동안에도 '실험적으로' 죽여도 될 만큼 충분히 그의 숫자가 많다고 말하죠. 그런데 당신도 이곳에 살고 있어요.

그가 멸종 위기에서 빠져나오기 위해 무엇이 필요했는지를 알았다면 당신이 제작하고 죽음을 바쳐 자금을 대는 SF 속에 살고 있지는 않을 거예요. 얼어붙은 숨소리를 잘 들어 보세요. 그는 웃고 있습니다.

나는 그가 왜 웃는지 알아요. 당신이 우리를 즐겁게 해 주기 때문입니다. 우주선 소리가 들리면 고개를 들어 바라봅니다. 우리는 이미 도착했습니다.

얼음 위와 아래에 있는 우주선에 내 모든 사랑을 전합니다. 아무도 볼 수 없는 걸 따라 움직이는 당신의 움직임. 우리 외에는 누구도 들을 거라 기대할 수 없는 당신의 목소리. 이 세상 밖에 있는 당신 존재에 감사합니다. 당신이 느끼는 것을 믿고 돌아와 주어 고맙습니다. 당신의 심장 박동은 지구상의 모든 것 아래로 통하는 문입니다. 당신의 미소는 내가 아직 알지 못하는 깊이에 관한 단서입니다. 사랑은 나를 낯설고 새롭게 만들 수 있습니다. 이 행성에 살고 있음에도 알지 못한다는 겸손함, 집을 향해 비명 지르는 내 안의 은하를 향한 다정함을 가지세요.

티에라델푸에고와 남미 남쪽 해안의 검은턱돌고래*는 휘슬음을 내지 않고 몸부림칩니다. 검은턱돌고래는 빠르게 흐르는 물, 좁은 곳, 수로 입구, 다시마숲, 하구에 살아서 '입구' 동물이라고도 불립니다. 아마 오드리 로드[Audre Lorde]는 드나드는 문간을 좋아한다고 말할 거예요.[28]

과학자들은 그들이 휘슬음을 내지 않는 몇 안 되는 돌고래 중 하나라 믿지만, 그들도 어떻게든 의사소통을 해야 합니다. 검은턱돌고래들은 안무를 추거든요. 때때로 협력적으로 먹이를 먹기 위해 일렬로 늘어서거나 큰 원을 만듭니다. 가장 인상적인 싱크로나이즈드 수영 동작을 만들기도 하지요. 꽃 모양 대형을 갖추거나 모두가 먹이를 먹을 때까지 몸을 마구 흔들며 소용돌이를 만들기도 하고요.

---

* 일반명 펄돌고래(Peale's dolphin).

그렇습니다. 당신은 때때로 당신만의 소용돌이를 만들어야 해요. 물의 방향을 바꾸고 정부를 뒤흔들 만한 힘의 소용돌이를 일으켜야 할 때도 있습니다. 나는 그것을 존중합니다. 변화의 사이 공간, 좁은 곳에서 자라나는 사람들을 존경하고 사랑합니다. 운동을 자신의 방법으로 삼고 격변을 집으로 삼는 이들에게 감사를 표합니다. 휘슬음 없이도 언제 줄을 서야 하는지, 원을 만들어야 하는지, 바다를 돌아야 하는지를 아는 사람들이지요. 온몸의 북소리로 알아차립니다. 메렝게**를 너무 많이 연습한 나머지 그들은 언제 돌아야 하는지를 알고 있습니다. 봄바***에서의 호명과 응답은 마치 지진처럼 엄청난 현상이 되어 무시할 수 없을 정도입니다.

닫힌 문과 좁은 통로에서 필수적인 민첩성을 발휘해 함께 움직이는 방식에 훨씬 더 잘 적응할 수 있게 해준 당신의 품위에 감사합니다. 기꺼이 물을 마구 휘젓는 당

** Merengue. 메렝게는 도미니카공화국의 음악과 춤 종류의 하나다. 메렝게의 기원은 명확하지 않으나 19세기 푸에르토리코, 쿠바, 아이티, 도미니카공화국 같은 카리브해 지역에서 유럽, 아프리카, 선주민 음악이 혼합되어 탄생했을 것으로 추정된다. 더 자세한 내용은 다음을 참고하라. 박병규, 「도미니카공화국의 메렝게와 국민정체성 형성」, 『이베로아메리카』 2017년 12월호, 1-31면.

*** Bomba. 봄바는 푸에르토리코에서 시작된 다양한 음악과 춤을 포괄적으로 지칭하는 용어다. 봄바는 푸에르토리코 해안의 설탕 농장에서 일하던 서아프리카 노예와 그 후손들이 개발했다. 이 지역의 노동자들은 봄바를 통해 슬픔, 분노, 저항의 감정을 표출하곤 했다. 또한 중요한 행사나 서로를 축하하는 자리에서도 봄바를 즐겼으며 최근에도 봄바 장르는 갱신을 거듭하며 대중적으로 사랑받고 있다.

신의 의지에 감사합니다. 혼자일 때의 당신은 곡예사이자 가장 용감한 생존자입니다. 그러나 함께한다면, 우리는 바다에게 스스로의 끝을 보여 주고 우리 안에서 변화의 기류를 보여 줍니다. 행동에서 언어를 만들어 냅니다. 사랑하는 이들이여, 유창해지세요. 우리 몸을 지켜 보세요. 우리는 변화를 말합니다.[29]

당신이 흰고래라고 부른다면 나는 변신의 귀재라고 말하지요. 저건 고래인가요? 아니요, 저건 그냥 얼음 조각, 먼 곳의 바다새, 파도의 하얀 거품일 뿐입니다. 어느 경험 많은 연구원은 커지고 줄어들다 사라지는 하얀 점을 찾아보라고 조언합니다. 흰색에 관한 어떤 생각이 그들이 보고도 보지 못하게 하는 걸일까요? 그들이 확실히 기억하는 건 오르내리는 물결 같은 움직임뿐입니다. 그것을 찾아라, 그들은 말합니다. 마치 마법에 걸린 것처럼 말이에요. 생물음향학 연구자들은 카나리아 소리, 오케스트라의 조율 소리, 멀리서 소리치는 아이들의 소리, 모든 소리를 듣습니다. 아마 선원들이 당신을 인어라 불렀을 때, 집으로 인도하는 당신의 노랫소리를 들었다고 말한 거겠죠.

내가 아는 건 추운 곳에 있을 때 당신이 시끄럽다는 사실입니다. 당신이 여기 있든 없든 당신을 갈망했어요. 당신의 목뼈는 결합되어 있지 않기에 모든 방향으로 움직일 수 있습니다. 당신은 그렇게 합니다. 호흡을 통해 머리와 얼굴의 모양을 바꿀 수 있지요. 당신의 입술은 지켜보는 사람의 얼굴에 침을 뱉을 수 있는 완벽한 모양이라고 합니다. 나는 당신을 알고 있다고 생각해요. 수천 마리가 모여 함께 아이를 낳는다는 걸 알아요. 당신들은 어머니가 당신을 품고 있었던 장소를 몇 번이고 다시 찾죠. 때로는 좌초되지만 다음 물때까지 살아남기도 합니다. 그래요. 당신에게는 무언가 익숙한 느낌이 있어요.

상상의 경계에 있는 모든 마법적 존재들에게 사랑을 보냅니다. 그들이 어떻게 전설을 만들지 않을 수 있었을까요? 이렇게 빽빽하고 민첩한 움직임, 이 모든 증명된 사랑이 있는데요. 당신이 나를 보고 듣는다고 생각할 때, 사실은 당신 자신을 배우는 거였죠. 그것이 당신에게 아름다운 일이길. 한편으로는 다시 돌아와 생명을 주고 창조를 축복하는 일임을 잊지 말길. 그것은 사랑이었습니다. 당신의 상상이 아니었어요.

멸치고래*Balaenoptera edeni*는 이제 단순한 고래 종이 아니라 전체 고래 복합체로서 연구되고 있습니다. 두세 종 또는 네 종이 논의의 대상입니다. 2012년 아루바에서 이루어진 분자 연구 덕분에 카리브해의 고래는 적도에서 남아프리카 연안에 걸쳐 사는 고래들과 같은 계통으로 추정됩니다. 이는 그들이 공통 조상을 가진, 지리적으로 분산된 후손이라는 의미입니다. 모든 걸 고려해볼 때 그리 놀라운 일은 아닙니다.

일본 해안에서 이 복합체의 일원이 일흔 번을 연속해 물 밖으로 솟구쳤다는 게 놀라운 일이었을까요? (보통 그들은 두세 번 정도 이런 행동을 합니다) 아마 모두가 메시지를 놓쳤을 거예요. 일본은 여전히 이 고래를 상업적으로 사냥할 수 있는 유일한 지역입니다.

이 무리의 하나가 남아프리카 출신의 백인 여행 가이드를 삼킨 게 놀라운 일이었을까요? (그를 죽일 만큼 오랫동안은 아니지만, 그의 관점을 바꿀 만큼 긴 시간이었습니다) 고래가 가이드를 다시 내뱉은 후 그는 "모든 게 캄캄해졌다. 엄청난 압력을 느꼈다"라고 말했습니다. 관광업계는 이 삼킴 사고가 분명 고래의 실수였다고 말했습니다. 그런 보고를 신뢰하지 말라는 건 아닙니다. 나는 그 보고가 관광산업에서 나왔다는 점, 우리가 카리브해 지역의 관광산업에 대해 잘 알고 있다는 점을 말하고 싶을 뿐입니다.

멸치고래는 설명하기 어려운, 직접적이고 복잡한 행동을 보입니다.

다른 수염고래와 마찬가지로 이 고래는 입을 크게 벌려 주변 바닷물과 물살이를 빨아들이고 여과하며 살아갑니다. 때로는 무지개 숨을 내쉽니다. 그들의 호흡 크기는 몸 전체 길이와 맞먹습니다. 최대 4미터에 달하죠. 때로는 바닷새, 펭귄, 다른 고래, 돌고래, 심지어 상어와 협력해서 움직이는 물살이를 잡기도 합니다. 하지만 나는 아직 해양 포유류 수습생에 불과합니다. 아직도 활짝 벌린 입의 복잡성, 관계 맺기를 갈구하며 꿀꺽꿀꺽 삼키는 내 갈망의 심연, 숨결의 색에 깃든 긴 신비를 배우고 있습니다. 궁금한 건 우리 관계의 복잡성을 다루는 방법이죠. 누구에게 가르치고, 어떻게 메시지를 전하고, 언제 협력할 건지요. 지금부터 할 수 있을까요? 공통 선조들, 그리고 서로 다른 우리의 상황을 어떻게 다 존중할 수 있을까요? 나는 정말 답을 몰라 묻는 거예요. 나는 이 분야의 초심자입니다.

내가 무지개 숨을 내쉴 수 있다면 당신을 향해 나를 성장시켜 나가겠습니다. 우리 사이를 환하게 밝히고 영양가 있는 가능성을 여과하겠습니다. 수많은 '예(yes)'의 세계를 삼키겠습니다. 그러려고 합니다. 신뢰와 변화 속에서 입을 활짝 벌리겠습니다. 복잡한 일이죠. 어떻게 복잡하지 않을 수 있겠습니까. 내가 당신과 어떻게 관계를 맺고 있는지, 당신이 나와 어떻게 연결되어 있는지, 우리가 어떤 관계인지 묻습니다. 하지만 여기. 내 활짝 벌린 입. 내 온몸이 색깔 속에서 숨 쉬고 있죠. 여기 있습니다. 당신을 향해 내딛기, 내 폐의 분별력. 거기에 당신이, 당신의 야생 무지개가 있군요. 자 함께 시작해 봐요.

9. 갈등의 교훈

보통 바다사자들은 15초 정도만 싸웁니다. 그러나 질병으로 고통받는 일부 바다사자가 자기 아이를 잡아먹기 시작했습니다. 나는 종 차원의 어려움에 대응하는 바다사자를 살펴봅니다. 가장 가까운 곳에서 일어나는 피해가 우리의 진화를 요청하고 또 가르치고 있음을 의식적으로 배우길 바랍니다. 지금 경험하고 있는 갈등이 사랑이 넘치는 세계를 만들라는 긴급한 요청이라는 사실을 깨닫는다면, 우리는 어떤 시간을 보내야 할까요?

아오테아로아의 바다사자, 랴포카^{rāpoka}는 1990년대부터 계속 어려움을 겪고 있습니다. 보호주의자들은 그때부터 개체 수의 절반 이상이 사망했다고 추정합니다. 질병으로 인해 아이의 60퍼센트와 암컷으로 분류된 어른 바다사자의 20퍼센트가 죽었고, 수컷으로 분류된 어른 바다사자가 아기 바다사자를 죽이고 잡아먹는 모습이 두드러지게 관찰되었습니다. 이제 이들은 자신이 속한 종을 위협하는 종 목록에 등재되어 있습니다. 그런 점에서 우리와 공통점이 있습니다.

바다사자들은 해변에서 자기 영역을 주장하며 싸움

니다. 서로 너무 가까이 오지 못하도록 소리 지르죠. 안내서에는 이들의 위협 행동이 특정 형태를 반복하는 '관성적인 자세'라고 쓰여 있습니다. 이런 영역 행동에 '테뉴어tenure*'라는 이름을 붙였고요. 들어본 적 있나요?

마오리족은 1998년(실제로 질병이 발생한 때와 같은 해입니다) 응아이 타후 배상 합의법**에서 인정한 부분처럼, 타온가taonga라고도 불리는 랴포카와 소중한 관계를 맺고 있습니다. 물론 이는 인간을 넘어선 영적 교감을 인정하고 선조의 말을 경청하는 그보다 훨씬 오래된 관습의 일부입니다. 나는 마오리 지도자들이 식민주의적 보수주의자들이 관리하는 랴포카 개체군 관계 전략에 참여하기 위해 여러 세대에 걸쳐 싸워 주어서 감사합니다. 내 심장을 통해 나는 여전히 듣고 있기 때문입니다.

사랑합니다. 당신 주변의 사람들이 당신을 해쳤고 당신 또한 그러했다는 걸 알고 있습니다. 나는 당신 가까이에 있으니까요. 나는 여전히 듣고 있습니다. 당신이 말을 날카로운 울타리로 만들어 흔들리는 모래 위에 세울 때,

---

* 보통 종신교수직을 '테뉴어'라 부른다. 바다사자가 보이는 관성적인 태도를 종신교수에 빗대어 표현한 것이다.

** Ngāi Tahu Claims Settlement Act. 뉴질랜드의 중요한 법령으로, 남섬의 마오리 부족인 응아이 타후와 정부가 합의해 1998년에 제정되었다. 이를 통해 뉴질랜드 정부는 토지 매입에 관한 책임을 방기해 응아이 타후족에 경제적 손해를 입히고 이들을 역사적으로 억압한 점을 인정하고 사과했다. 이 합의는 응아이 타후족에 대한 경제적 배상뿐 아니라 남섬의 전통적인 수호자로서 응아이 타후족의 역할을 인정하는 문화적 보상도 포함하고 있다.

나는 그것을 이해하고 당신이 지금 말할 수 없는 내용을 듣습니다. 당신이 배운 모든 내용에 반하여 서로 가까워지는 일의 위험을 감수할 때마다 나는 손뼉 칩니다. 정말 감사한 일입니다. 당신이 여기서 우리 모두를 치유하고 있습니다.

남아메리카바다사자들은 가끔 싸우기도 하지만 15초 이상 싸우지는 않습니다. 누가 그럴 시간이 있겠습니까? 흡혈박쥐가 공격하고 가끔 범고래가 물 밖으로 나와 바다사자 아이들을 먹어 치우는 해안가에 살면서 공동체 구성원을 향해 15초 이상 으르렁거리거나 서로 물어뜯을 시간이 있을까요? 누군가 어딘가에서 월드스타 스톱워치를 들고 우리가 싸우는 시간을 재고 있을 거예요.

난 차라리 위쪽을 주목하고 싶습니다. 그렇지 않나요? 여기 가장자리에서 고개를 높이 들 수 있는 근육을 단련하고 있습니다. 박쥐 말고도 내 수면을 방해하는 무언가가 위에 있다는 걸 압니다. 바다사자는 체온을 조절할 수 있습니다. 너무 덥다는 걸 알고 어떻게 해야 하는지 압니다. 15초 이내에 자세를 바꾸고, 다시 측정하고, 넘어갑니다. 우리도 그렇게 할 수 있을까요?

보세요. 우리를 여기에 모이게 한 무언가가 모든 것 위에 존재합니다. 보이나요? 들리나요? 하늘은 지금은 당장 이해되지 않는 당신과 나의 모든 걸 품을 만큼 충분히 큽니다. 동시에 해안선의 하늘은 수평선에 입 맞춥니다. 가끔 나는 눈에 보이지 않는, 어떤 방향으로든 나를 품고 있는 이 공기를 보려고 애쓰기도 합니다. 매일 내 한계를 시험하는 이곳 해안선이야말로 해방을 연구하기에 완벽한 장소입니다. 당신을 향한 사랑은 나의 길이와 우리의 힘을 키우는 스트레칭이 될 수 있습니다. 때때로 나는 내 한계를 표현해야 하고 그건 당신도 마찬가지예요. 그렇게 한 뒤에 다시 하늘을 향해 호흡합시다.

10. 경계 존중하기

두건물범은 단 4일의 수유를 통해 세계를 여행하는 데 필요한 모든 걸 얻습니다. 바이칼물범이 어떻게 담수호에 도달하게 된 건지는 아무도 알지 못합니다. 포획된 아마존강돌고래들은 수면 부족으로 죽어 가고 있을지도 모르고요. 우리가 선택하는 것과 선택하지 않는 것 사이의 경계는 무엇인가요? 우리에게 필요한 거리는 무엇이며 우리를 고립시키고 파괴하는 벽은 무엇인가요? 생성적 경계와 파괴적 경계의 차이를 어떻게 구분할 수 있을까요? 양분을 북돋는 형태의 적응으로 나아갈 준비가 되었나요?

두건물범은 지방이 아주 풍부한 엄마의 젖에서 필요한 모든 걸 얻어요. 단 4일만에요. 그녀는 긴 이동에도 살아남죠. 이를 위해 필요한 모든 걸 갖추고 있으니까요. 한 어린 두건물범이 대서양과 북극해를 지나 태평양으로 내려왔다가 캘리포니아에서 과학자들을 만났습니다. 분명 이는 흔한 일이며 우리가 전 세계에 퍼져 있는 이유입니다. 과학자들은 그들을 부랑아라 부르지만 우리는 더 잘 알고 있습니다. 물범은 숨을 내쉬고, 바다에 잠기며 온몸으로 호흡합니다. 이렇게요.

아마존강돌고래는 사육 환경을 잘 견디지 못했습니다. 전 세계의 수족관에서 살아남은 돌고래는 20퍼센트가 채 안 됩니다. 미국의 상황은 더 심각하지요. 오듀본 협회에 따르면 1956년에서 1966년 사이 미국 수족관에 포획되어 길러진 아마존강돌고래(일명 보토돌고래) 70마리 중 1980년대 중반까지 살아남은 이는 한 마리뿐이었습니다.

무엇이 문제일까요? 우선 자유는 기본적 욕구이자 신성한 규범입니다. 수상 시인이었던 트레이시 스미스 Tracy K. Smith가 매일 업로드하는 시 팟캐스트 '더 슬로우다운 The Slowdown'에서 말했듯 "야생에서 살도록 허용된 모든 자유로운 동물은 이 세상의 거룩한 무언가를 보호합니다".[30] 나도 그렇게 생각합니다. 우리를 포함한 모든 동물들이 그렇죠.

포획, 강제 이주, 구조적이고 비자발적인 순응의 여러 층위를 헤쳐 나가는 우리는 20세기 후반에 포획된 보토돌고래의 구체적인 경험으로부터 무엇을 배울 수 있을까요?

일부 동물원과 보호주의 이론가들은 보토돌고래가 극심한 수면 부족 때문에 죽었다고 말합니다. 일반적으로 돌고래는 '한쪽 눈을 뜨고 잔다'고 하지요. 돌고래는 뇌를 반쪽씩 번갈아 사용하여 익사하지 않고 잠잘 수 있습니다. 혹시 당신도 공감이 되나요?

과학자들이 아마존강돌고래의 수면을 광범위하게 관찰하거나 연구한 건 아닙니다. 하지만 물가에 기대지 않고 물 한가운데서 자는 바다 돌고래들과 달리 아마존강돌고래는 강둑의 경사면에 의지해 휴식한다고 보고 있지요. 달리 말하면 사육당하는 보토돌고래가 겪는 수면 부족은 그들을 잘 쉴 수 있게 해주던 경계면이 부족하기 때문이라 할 수 있죠. 이처럼 지지대가 되어 주는 경계의 결여는 수면에 어떤 영향을 미칠까요?

한쪽 귀를 열고 자는 이민자 출신 불면증 환자의 딸로서 나는 수면에 대한 이 질문이 매우 중요하다고 생각합니다. 이마 라본 라이스-파이나Imah LaVon Rice-Faina부터 셸리 데이비스 로버츠Shelly Davis Roberts, 패트리스 칸-쿨로스Patrisse Khan-Cullors, 더 냅 미니스트리The Nap Ministry에 이르기까지 흑인 여성 예술가들은 휴식이 곧 저항이며 수면이 정치임을 분명히 말하고 있습니다. 구조적인 악몽은 우리의 수면을 위협합니다.

우리에게서 휴식의 경계를 박탈하는 해로운 체제는 지금 이 순간에도 수많은 가족을 분리하고 가둬 스트레스를 주고 잠들지 못하게 하는 징벌적인 국경 시스템과 정확히 똑같습니다. CIA는 9·11테러 이후 수면 박탈을 '심문 방식'의 하나로 공개적으로 사용해 왔습니다. 나는 수면 박탈이 고문의 한 형태라고 말하는 심리학자들, 인권 운동가들의 주장에 동의합니다.

아마존강돌고래는 수십 년 동안 사육과 고문에 시달려 왔습니다. 대부분 살아남지 못했습니다. 당신의 수면 박탈을 유발하는 조건은 무엇인가요? 사로잡힌 당신 삶의 윤곽을 그려 본다면요? 지쳐 버린 게 당신 혼자가 아니라는 사실을 아는 게 당신의 고통에 도움이 될까요?

지치고 과로한 우리, 잠이 부족한 우리, 한쪽 눈을 뜨고 자는 경계심 많은 우리가 여기서 익사하지 않기 위해 이미 배운 돌고래의 적응력으로 친족 관계를 형성할 수 있을까요? 우리가 모두 강물의 품에 안겨 잠들 수 있을 만큼 안전한 세상을 상상해 볼 수 있을까요? 온전한 쉼을 위해 필요한 경계 속에서 강물의 품에 안겨 쉴 수 있는 그런 세상을요.

나는 당신을 위해 그런 세상을 원해요. 나는 나를 위해 그런 세상을 원해요. 절반쯤 깨어 있는 동안에도 나는 당신에게 걸맞은 세상을 꿈꿔 왔습니다. 그들은 내가 우리를 위해 꾸는 이 꿈이 환각이라고 말했지만 나는 이제 진실을 알게 되었습니다. 자본주의로 인해 우리가 지구를 익사시키는 데 가담하게 되는 세계에서, 우리는 이미 돌고래이자 영매이자 미래를 보는 존재입니다. 우리는 스스로를 믿을 수 있어요. 우리의 적응력 뛰어난 이마는 감금되기 위해 만들어지지 않았습니다. 우리는 진화하기 위해서 자유로운 휴식을 얻을 자격이 있어요. 다트라 잭슨D'atra Jackson이 '노스캐롤라이나 창발적 전략the North Carolina Emergent Strategy'에서 이렇게 말한 것처럼요. "자신의 꿈에 항복하라"

그렇습니다. 이 강둑에서 나는 대지가 가르치는 경계에 항복합니다. 그렇습니다. 나는 당신과 나를 위한 꿈의 요구에 항복합니다. 그것은 사랑입니다. 풍요로운 휴식입니다. 꿈 같지만 한쪽 눈을 감으면 열리는 환상적인 세계입니다. 가장자리에 가까이 다가가면 대지가 당신을 지탱하고 물이 당신을 통과합니다. 닫혔다고 생각한 부분이 가능성으로 열립니다. 당신과 당신이 사랑하는 모든 사람을 삼켜 버릴 것 같았던 위험은 오히려 당신이 누구인지를 명확히 하고 당신의 꿈을 새롭게 하며 새로운 목적으로 당신을 깨우기 위해 기다립니다.

내가 잠들 수 있다면 그건 내 꿈이 당신의 것이며 당신과 우리를 위한 것이기 때문입니다. 내 사랑이 바다와 같고, 내 길은 우리를 치유할 수 있는 땅으로 만들어진 강과 같기에 허락하기만 한다면 우리를 치유할 거예요. 그리고 그 강물은 어찌 됐든 다시 바다로 흘러갑니다. 이 모든 일이 있기 전에, 우리로 깨어난 깊고 검은 꿈이 있었습니다. 우리는 중간자이며, 꿈꾸는 눈을 가졌으며, 지쳐 있기에 기억하는 존재들입니다.

바이칼물범이 다른 바다 물범 친척들과 멀리 떨어져 시베리아 호수에 살게 되었는지에 관한 몇 가지 이론이 있습니다. 일부는 50만 년 전에 빙하가 팽창과 수축을 반복하면서 다른 물범들과 분리되었다고 말합니다. 어떤 이들은 바이칼호(세계에서 가장 깊은 호수)로 통하는, 아무도 본 적 없는 지하 수로가 있다고 주장합니다.

확실한 건 바이칼물범이 민물에 적응해 반짝이는 검은 빛의 우아함을 지니게 되었다는 겁니다. 둥글고 빛나죠. 그들은 2리터의 혈액을 여분으로 갖고 있어 물속에서 더 오래 숨 쉴 수 있습니다. 과학자들은 그 시간이 물속에서 짝짓기를 할 수 있을 만큼이라 추측하는데, 아직 아무도 그 장면을 보지는 못했습니다. 호수 생태계의 유일한 포유류인 이들은 이제 종간 공동체에서 없어서는 안 될 존재입니다.

가끔은 어떻게 여기까지 왔는지 모르겠어요. 이곳에서 숨 쉬는 법을 익히기 위해 나는 어떻게 변했을까요? 무엇을 잃었을까요? 나와 통로 반대편에 있는 사람들 사이에 단절이 없었다면 나는 어떤 모습이었을까요? 내가 살아갈 모든 삶에 이 깊은 호수 하나면 충분할까요?

바이칼물범(러시아 이름은 '네르파^{nerpa}')은 내가 있는 바로 그 자리에서 나와 모든 존재가 연결되어 있음을 상기시켜 줍니다. 그리고 나의 흑인다움^{Blackness}은 별처럼 반짝이며 온 방향으로 소통합니다. 해양 포유류가 가진 지방처럼 매끈한 나의 둥글둥글한 형태는 검은 우주의 품에 완전히 안긴 지구 그 자체입니다.

우리 사이에 무슨 일이 있었든, 무엇이 나를 당신에게서 멀어지게, 혹은 당신을 나에게서 멀어지게 했든 간에 내가 당신을 사랑한다는 사실을 기억하세요. 얼음 대륙을 가로지르는 이 호수에는 깊고 사랑이 넘치는 경계가 있습니다. 나는 그곳에 온전히 안겨 양분을 흡수해요. 당신이 있어야 할 곳에 있다고 믿어도 괜찮아요.

과학자들이 고래를 '수줍음 많은' 존재라 말하는 건 어떤 의미일까요? 거대한 부리고래속(세 종류의 서로 다른 종일 수도 있습니다)은 고래계의 큰 수수께끼입니다. 이들의 보존 상태는 '데이터 부족'으로 분류되어 있습니다. 과학자들에게는 앎 외에 또 다른 앎이 있는 것 같아요. 미국 국립해양대기협회[National Oceanic and Atmospheric Association, NOAA](노아라고 발음하는데 성경에 나오는 것처럼 종말론적이고 귀엽지 않나요?) 소속의 필립 모린[Philip Morin]이 조사 중인 '새로운' 거대한 부리고래속에는 모순이 있습니다. 모린에 따르면 이 고래는 너무나 신비로워서 살아 있는 모습으로 발견된 적이 없다고 합니다. 그는 BBC와의 인터뷰에서 심지어 이 고래가 죽은 후에도 해변으로 떠밀려 오는 경우가 드물다고 말했습니다. "만약 그들이 죽는다면…" 그가 말했습니다. "그들은 해안에서 멀리 떨어져 있죠." (그들이 죽지 않을 수도 있다고 생각한다는 뜻일까요?) 나 역시 미스터리를 좋아합니다. 하지만 때로는 참신함을 만드는 일에 의문을 품기도 합니다. 같은 기사에서 그 '미스터리한' 고래 세 마리가 좌초된 곳 근처에 사는 일본인들은 당연히 그런 종류의 고래를 본 적 있다고 말했습니다. 검은색이기 때문에 '카라스[カラス, 까마귀]'라고 부른다고 말하기도 했고요.

수줍음과 선택적인 태도 사이에는 차이가 있습니다. 부리고래속이라고 설명되는 또 다른 고래인 (보호주의자들과 안내서가 '수줍음 많다'고 부르는) 남방이빨네개고래*는 그저 은신 연습 중이라고 말할 수 있습니다. 다른 설명이죠. 스미스소니언 안내서에는 이 고래가 '햇빛을 받으면 이빨이 번쩍일 수 있다'라고 나와 있습니다. 나는 신비로움을 좋아하지만 그건 궁금증을 유발하기도 하죠. 가끔 누군가가 당신을 피할 땐 그냥 당신을 피하는 겁니다. 우리에겐 모호할 권리가 있으니까요. 그건 우리를 식민지로 삼으라고 초대하는 게 아닙니다. 유혹이 아니죠. 경계는 아주 아름다울 수 있습니다. 많은 걸 가르쳐 줍니다. 이 고래는 검은색이지만 바다에서 이동할 때는 갈색이나 주황색으로 보일 정도로 해조류를 몸에 두르기도 합니다. 한번은 이 고래 무리가 과학자들에게 발견되어 쫓기게 되자 한 시간 동안 수면 위로 떠오르지 않고 물속에서만 6.4킬로미터를 이동했습니다. 연구자들이 힌트를 얻었을 거라고 생각하세요?

내가 아는 건 내가 당신을 사랑한다는 사실입니다. 당신을 따라가길 원치 않아도요. 무언가로 변장하고 나타나더라도요. 내가 당신을 알거나 당신의 이름을 붙이거나 분류해야 할 사람이 아니더라도요. 당신의 회피할 권리 혹은 외면할 권리를 지지합니다. 당신의 여정이 아무리 깊고 길더라도 축복합니다. 나는 당신이 내 이해를 훨씬 뛰어넘는 존재라는 걸 존중합니다. 나 또한 그렇습니다. 숨 쉴 수 있는 자격을 갖추지 않아도 됩니다. 밈^{meme}

---

* 일반명 아르누부리고래(Arnoux's beaked whale).

의 시장에서 주목받는 존재가 되지 않아도 됩니다. 생존을 위해 내가 가는 길 위에서 눈에 띄지 않아도 됩니다. 내 시간을 소중히 여기는 걸 부끄러워할 필요도 없습니다. 엄마가 알려 준 나의 할 일은 단 두 가지입니다. 내가 선택한 이들과 함께라면 할 수 있습니다. 나 그리고 나의 살아 있는 이들, 나의 죽은 이들, 나의 가족, 내 꿈과 함께요. 1. 흑인으로 있기 2. 숨쉬기.

11. 털 존중하기

　해양 포유류에 관한 안내서 연구에서 발견한 주요 사항 중 하나는 인종차별, 성별이분법 등의 억압을 부추기는 언어가 해양 포유류에 관한 '과학적' 설명에서도 사용된다는 사실입니다. 이러한 설명은 대부분 서구 백인 남성이 쓴 겁니다. 이 장에서는 우리 종 내에서 인종을 정의할 때 피부 다음으로 가장 밀접하게 인종과 연관된 신체 특징인 털 담론을 중심으로 물범, 바다코끼리, 고래의 털을 살펴보고자 합니다.

　밥 말리의 "우주를 믿고 머리카락을 존중하라"는 말에서 영감을 얻어, 나는 해양 포유류에 맞춰 삶을 선사하는 기술로서 털을 재정의하는 데 관심이 있습니다. 털은 무엇을 의미할까요? 무엇을 보호할까요? 우리가 어떻게 털을 경계로서, 또 스승으로서 존중할 수 있을까요?

　고리무늬물범의 학명 '푸사 히스피다*Pusa hispida*'는 다른 물범에 비해 '뻣뻣한' 털을 가졌다는 의미를 담고 있습니다. 좋게 말해서 '뻣뻣하다'라는 의미지, 라틴어 '히스피다[hispida]'는 뻣뻣하다, 더럽다, 거칠다, 텁수룩하다는 의미입니다.

이주한 고래를 말할 때 이 점이 두 번 강조되기도 합니다. 지리적으로 가장 분산된 아종은 '푸사 히스피다 히스피다*Pusa hispida hispida*'라 불립니다. 국립오듀본협회의 말을 빌리자면 다른 물범보다 더 '거센' 털을 가졌다는 뜻이죠.

잘된 일이라 생각해요. 고래의 적응력에 박수를 보냅니다. 그녀가 얼음 속에 산다는 걸 기억하세요. 북극곰이 가장 좋아하는 먹잇감이 그녀라는 사실도요. 바다코끼리와 범고래, 인간의 사냥감이기도 하지만 적어도 그녀는 스스로를 날카롭게 만들 수 있습니다. 마침내요.

그녀의 첫 번째 외피는 흰색의 털로 뒤덮여 있습니다. 태어날 때부터 입고 있었지요. 그걸 보긴 어려워요. 엄마가 그녀를 얼음 속에 숨겨 두기 때문입니다. 몇 주 후, 그녀는 털을 벗고 검은색과 은색으로 변합니다. 깊이 잠수할 수 있게 됩니다. 차가운 바다처럼 반짝입니다. 첫 연례 탈피를 한 후에야 아름다운 고리를 갖게 되고 미칼린 토마스*가 그녀를 모델 삼아 그리기라도 할 것처럼 자세를 취하기 시작합니다. 무지갯빛 피부. 콜라주와 신기루. 이뉴피아트족은 그녀를 낫체크[natchek]라 부릅니다. 베링해협의 이누이트 사람들은 닉닉[niknik]이라 부릅니다. 또는 은색 항아리라는 의미의 넷시아비너크[netsiavinerk]라 부르기도 하는데 내가 가장 좋아하는 표현입니다. 특별한 질

---

* Mickalene Thomas. 흑인 여성의 이미지를 전면에 내세워 작업하는 흑인 퀴어 예술가.

감을 가졌고 검은빛 은색을 띠고 매끈하지만 만져 보면 날카로운, 마법과도 같기 때문입니다.

만약 당신이 불리고 싶지 않은 이름으로 불렸다면. 지혜롭게 진화하는 기술, 당신의 털과 언어, 다른 곳으로의 이동이 자신을 구별하고 보호하기 위해, 포식자의 손길에 닿지 않기 위해 사용되었다면. 만약 그들이 당신을 찾아 내고 사냥하기 위해 당신 털의 곱슬곱슬함, 자른 모양이나 땋은 모습을 보려고 했다면. 만약 그들이 바닷속에서 다이아몬드처럼 살아가는 당신의 방식을 모방하고자 하는 비밀스러운 욕망에 대해 거짓말했다면. 절망하지 마세요.

나는 당신과 함께합니다. 나는 당신의 현명하고 대담한 경계를 사랑합니다. 나는 눈에 보이는 당신의 진화를 사랑합니다. 입에 물을 머금은 세계에서의 당신의 퇴폐적인 적응을 사랑합니다. 나는 당신의 짧고 빳빳한 털과 척추를 사랑합니다. 온몸으로 숨 쉬는 당신의 방식을. 당신의 눈으로 목격자들을 얼어붙게 하고 가장자리에서 만든 세계를 얼리고 녹일 수 있음을. 당신은 예술작품입니다. 마법의 종. 천재 항아리. 은하계의 지도. 당신은 세계를 거친 질감으로 몰아세웁니다. 하늘이 고리 안으로 떨어지도록 유혹합니다.

내가 아주 좋아하는 바다코끼리의 열 가지 특징 중

하나는 세계를 해독하려는 얼굴입니다. 그들은 해저 바닥의 퇴적물 속 작은 물체를 구별하기 위해 고도로 진화한 수염인 진모^{vibrissae}를 갖고 있습니다. 이 굵은 수염 덕분에 그들의 평균 잠수 시간인 6분 동안 묻혀 있는 조개를 빠르게 찾을 수 있죠. 엄마 바다코끼리는 수염으로 더듬을 때 아이들을 가장 잘 알아봅니다. 눈에 의존하지 않습니다. 그들은 친밀한 떨림을 신뢰합니다.

어떻게 인식하는 걸까요. 당신이 어떻게 숨 쉬고 어떻게 움직이는지를 내 숨을 통해서 알게 됩니다. 내 얼굴이 당신을 내게 가르쳐 주거든요. 먼지 속 깊은 소용돌이 속에서 나는 당신과 나를 먹여 살리는 아주 작은 진동을 믿습니다. 털은 민감한 기술로 진화했지요. 내 얼굴의 털은 잡아 뽑히지 않은 신탁입니다. 형태화된 전달법이죠.

우리가 그걸 연구할 수 있을까요? 내 털 움직임의 의미를 매우 능숙하게 알고 있다면, '예'와 '아니오'의 작은 차이를 알 수 있을까요? 여기에 있음과 여기에 없음, 머물거나 떠나는 것의 차이를요. 내가 만약 소름의 움직임을 통해 당신을 느끼고 알 수 있다면, 당신을 반기며 털이 서거나 혹은 가라앉는 방식으로 당신을 안다면 어떨까요? 그것을 감지할 때 내 피부와 털 전체의 진동이 평소에는 무시했던 무언가를 내게 전해줍니다. 하지만 만약 내 삶이 내가 볼 수 없는 흙 속에 있는 게 무엇인지 아는 것에 달려 있다는 걸 기억한다면 어떨까요? 숨겨진 걸 찾아야만 하는 깊은 곳에 있다면요? 모든 메시지가 나를 기다리고 있는 당신의 피부 위에 있다면요?

나는 당신 얼굴의 야생 기술을 사랑합니다. 얼굴이 말하고 알려 주고 간직하는 것. 나는 당신의 작고 중요한 결정의 민감성을 존중합니다. 나는 당신을 보호하고, 뻗어 나가고, 움직이고, 움직임을 측정하는, 당신 털의 성장하는 천재성을 신뢰합니다. 나는 보이지 않는 것을 연구할 거예요. 때때로 나는 내가 보는 걸 믿을 수 없습니다. 하지만 귀를 기울여보세요. 작고, 숨소리보다 더 미세한 그것. 맞아요, 그겁니다. 느껴지나요?

외뿔고래가 현재 북극에서 헤엄치고 있는 진짜 동물이라는 사실을 당신이 모르고 자란 건 우연이 아닙니다. 그것은 기나긴, 수익성 높은 음모의 결과입니다. 중세부터 포경업자, 상인, 탐험가, 심지어 화학자까지 실제 동물로서 외뿔고래의 존재를 숨기고 그들의 엄니를 '유니콘의 뿔'이라 부르며 엄청난 이윤을 남기기 위해 협력한 결과입니다. 이는 강제된 주변화와 이윤 증대가 서로 연결된 방식을 생각하게 합니다.

내가 존재하지 않는 것처럼 꾸며 대는 음모를 통해서, 그리고 내 존재 중 그들이 팔 수 있는 것만이 나의 진짜 일부라고 속여서 누가 이익을 챙겼는지 생각합니다.

누가 피해를 보았는지는 확실히 알아요. 나예요. 내 목을 자르려는 이들은 수익성 좋은 아이디어를 위해 고의로 나를 희생시켰고 동시에 위협적일 수 있는 내 마법을 제거했습니다. 누가 손해를 입었을까요? 당신입니다. 이 행성에서 정말로 설명 가능한 마법이 특별함에 대한 근거 없는 믿음으로 치부되는 비극을 겪었죠. 여러 세대에 걸친 착각을 유지하기에 충분히 이성애규범적인 우화로 자신을 질식시켰습니다. 우리는 피해를 보았습니다. 우리 모두가요. 우리 꿈의 한계에서 피가 흐르기 때문입니다. 우리를 차단된 방식이 결과를 초래하고 시장이 순환합니다.

태평양수족관^{Aquarium of the Pacific}에서 고래 소리를 연구하던 어느 날, 파트너와 나는 조카들을 위해 에밀리 윈필드 마틴^{Emily Winfield Martin}의 「꿈의 외뿔고래^{Dream Narwhal}」 그림 퍼즐을 샀습니다. 우리가 그러길 원했어요. 불가능하면서도 매우 실제적인 고래와 물속에서 숨 쉬며 앞을 바라보는, 역시 불가능하면서도 매우 실제적인 흑인 소녀가 그려져 있었거든요. 당시 두 살이었고 동물도감을 좋아하던 첫째 조카는 퍼즐을 맞추며 "보니타, 보니타"**라 말했고 그림 속 머리카락을 사랑스럽게 만졌습니다.

우리가 아름답지 않다고 가르치는 이 음모로 누가 이득을 봤을까요? 우리가 불가능하다는 그 음모 덕분에 말입니다. 누가 먼저 우리의 적응을 이윤으로 바꾸었나요? 우리의 깊고 날카로운 실재성을 동화 속 먼지로 만들고, 우리가 우리 자신을 알아차렸을 때 다시 되팔며, 재현의 희소성을 높은 수익률로 바꾼 건 누구를 위한 일인가요?

**   Bonita. 예쁘다는 의미의 단어

외뿔고래에게 물어보세요. 수요와 공급은 시간이 지남에 따라 그런 방식으로 작동합니다. 당신이 이미 가지고 있는 걸 기꺼이 사게 만들죠.

아주 적절한 순간에, 연구자 타비아 농오[Tavia Nyong'o]가 공모[conspire]란 같이 호흡하는 일임을 알려주었습니다. 외뿔고래가 매년 여름 수백 마리씩 모여드는 것처럼요. 지금 일어나고 있는 일입니다. 우리가 가장 오래된 음모를 활성화하고 갱신하며, 우리의 앞뒤에 있었고 지금 함께하는 모든 불가능한 두터운 호흡을 기억하길. 팔리기에는 너무나 실재적인, 잊히기에는 너무나 아름다운, 훔치기에는 너무나 마법 같은 호흡을요.

나는 불가능하다는 생각이 들 때 사용하던 대응 기제로부터 여전히 벗어나는 중입니다. 오직 내가 나이고, 나만이 그럴 수 있다는 토크니즘을 믿던 시기에 내면화한 마찬가지로 해로운 전술로부터도요. 이제 내가 원하는 건 함께 호흡하는 거예요. 우리는 상품화된 마법(심지어 상품화된 흑인 소녀 마법과 재현물의 선물)을 뛰어넘는 힘을 가진 진짜 존재입니다.

우리는 진짜죠. 우리는 그 너머입니다. 우리가 선조들과 공모해 우리의 꿈을 존중할 때, 우리가 팔 수 없는 우리 안의 일부에 다가갈 때. 자본주의자들은 그것이 존재하지 않는다고 말하지만 사실 존재합니다. 그건 당신이며, 우리 모두입니다. 사랑합니다, 나의 가장 진실한 꿈을. 나의 가장 야생적인 진실을. 당신은 아름다운 퍼즐입니다. 내가 숨 쉬는 공기입니다.

12. 자본주의 끝내기

아마 여기서부터 시작할 수 있었을 거예요. 분명히 말하자면 현재 지구상에서 해양 포유류가 겪는 실제 고통과 위험은 자본주의의 착취적이고 파괴적인 과정과 그 결과 때문이죠. 여기서는 상업 어업의 관행을 바꾸는 일이 비용이 많이 들고 또 불편하다고 여긴 대가로 멸종 위기에 처한 바키타와 북대서양긴수염고래를 살펴보고자 합니다. 줄박이돌고래 서식지에서 위험한 석유 시추를 허가해 경제를 살리려는 그리스의 시도와 줄박이돌고래의 운명을 살펴봅니다. 빈곤한 어부들은 어업 시장에서 이미 경쟁력을 갖기 어려워졌습니다. 그런 그들이 해양 포유류를 위협적인 경쟁자로 인식하고 죽이는 기이한 상황을 깊이 생각해 봅니다. 이 모든 사례는 자본주의가 종간 차원에서 어떤 의미가 있는지를 보여 줍니다. 동시에 이 장은 위협적인 그물에 걸린 참고래를 구조하기 위해 목숨 걸고 활동하는 전직 바닷가재잡이 선원과 뉴질랜드흰머리돌고래*의 멸종을 막기 위해 적극적으로

---

* 일반명 헥터돌고래(Hector's dolphin).

싸우고 있는 선주민 소유의 어업 회사를 소개합니다. 그리하여 자본주의를 가능한 한 빨리 끝내고 지구와 올바르게 관계 맺기 위한 희망과 교훈을 제시합니다. 우리가 밧줄을 벗어날 수 있을지는 모르겠습니다. 피로 얽히고 설킨 유산이 있지요. 획득과 소유가 얽혀 있는 기술인 포획의 그물을 넘어 진화할 수 있을까요. 우리의 친구를 부탁합니다. 에코워치^{EcoWatch}에 따르면 바키타는 만연한 자망 사용으로 멸종 위기에 처했습니다. 역시 멸종 위기에 처한 북대서양긴수염고래를 부탁합니다. 이들의 주요 사망 원인은 서식지에 떠 있는 대형 어선의 밧줄에 걸리거나 프로펠러에 찔리는 사고죠.

이 두 종 모두 번식 문제는 없습니다. 북대서양긴수염고래는 재생산을 위한 짝짓기를 자주 하고, 그보다 더 자주 별다른 이유 없이 사회적 짝짓기를 하죠.

북대서양긴수염고래가 위험에 빠진 건 포경업자들이 노예무역을 하는 내내 그들을 표적 사냥했기 때문입니다. 지금은 아무도 그들을 사냥하지 않습니다. 최근 바닷가재잡이 선원이자 이 고래들을 밧줄에서 구해내기 위해 목숨 걸고 일하던 조 하울렛$^{Joe\ Howlett}$이 구조 과정에서 사망했습니다. 수세기에 걸친 약탈적인 탐욕의 결과를 풀어낼 수 있을까요?

지구상에서 가장 심각한 멸종 위기에 처한 고래목 동물, 그리고 현재 대부분이 멸종 위기에 처한 해양 포유류에 대한 위협은 아마 어업의 우연한 결과일 겁니다. 대서양의 대형 어선들이 북대서양긴수염고래(실제로 '긴수염고래^{right whale}'라는 이름은 200년 전의 기술로 대형 선박에서 쉽게 사냥할 수 있을 만큼 느리게 움직이고 크기가 커서 붙여진 이름입니다)처럼 느리게 움직이는 거대한 동물을 감지하고 피할 수 있을 만한 주의력을 가질 수 있을까요? 업계에 따르면 비용이 많이 들고 어려운 일이라고 합니다. 필요한 기술을 개발하기 위해서는 수년, 수십 년이 걸린다고 해요. 북대서양긴수염고래가 이미 멸종한 후에 가능할지도 모른다는 이야기죠.

바키타의 작은 서식지에서 사용되는 자망은 어떨까요? 이미 자망 사용은 불법이지만 이걸 사용하는 사람들은 경제적 대안이 없는 가난한 사람들입니다.

그렇다면 알렉시스, 이 동물들을 구하려면 전 지구적 주요 식량 공급원 중 하나인 상업 어업뿐 아니라 아무도 불법 자망을 사용하거나 굶지 않도록 자본주의를 이번 주에 폐지해야 한다는 뜻인가요?

한마디로 대답해야 하는 건가요? 그렇다면 맞아요.

아마 이미 알고 있을지 모릅니다. 치명적인 체제가 직접적으로 당신을 노리는 것처럼 보이지 않더라도 당신을 지속적으로 죽이고 있다는 사실을요. 린치가 횡행하던 시절, 피해자의 신체 일부를 잘라 기념품으로 가져갔던 것처럼, 지금도 이 체제는 원래의 목적을 계승하며 매일 당신의 일부를 잘라 내고, 당신에게 필요한 당신의 일부를 훔치며 일상적으로 기능하고 있습니다. 당신은 이 이야기가 당신에 관한 게 아니라고 생각할 수 있습니다. (만약 그렇다면 이미 감각이 사라진 것이겠지요)

어렸을 때 프로펠러에 찔려 다친 북대서양긴수염고래 한 마리가 14년 후 임신 중에 죽었습니다. 새로운 생명을 품기 위해 몸집이 커지면서 상처가 벌어졌고 감염으로 사망했지요. 또 2019년 여름에 죽은 북대서양긴수염고래 할머니 '구두점Punctuation'(40년간 이 고래를 연구해 온 연구자들은 그녀를 이렇게 불렀어요)을 생각해 봅시다. 그녀는 여덟 번 출산했고 다섯 번이나 그물에 얽혔지만 살아남았으며 여러 차례 배에 치이거나 프로펠러 때문에 다친 적이 있었습니다. 그녀가 죽기 전에는 적어도 세 마리의 아이가 그물에 엉켜 죽었습니다. 이와 완전히 무관한 일이라 말하는 체제 속에서 어쩌면 당신도 끊임없는 상처를 견뎌 낸다는 게 무엇인지 알고 있을지도 모릅니다. 이 죽음들은 어떤 목적 때문에 벌어진 일이 아니며, 단지 피할 수 없는 체제의 부산물일 뿐이라는 말을 들으면 공허하겠지요. 이미 존재하는 체제를 개선할 방법이 분명히 있을 거라 말할 수도 있어요.

하지만 나는 그렇게 생각하지 않습니다. 동일한 경제 체제가 식량 공급을 오염시키고 이미 물살이를 죽이는 수준까지 탄소를 증가시켜도, 상업 어업이 인류의 삶을 위해 꼭 필요하다고 주장하는 사람들이 어디 있겠습니까? 이 모든 건 서로 분리될 수 없습니다. 우리는 모두 얽혀 있습니다. 얽혀 있기에 천천히 죽음을 초래한다는 사실은 상황을 나아지게 만들기는커녕 더 잔혹하게 만듭니다. 오늘날 당신이 잃어버린 감각의 일부를 애도합니다. 당신이 성장해야 할 이유가 생기기 전까지는 알아차리지 못할 당신의 상처를 애도합니다. 이 밧줄은 당신이 살아온 시간보다 더 오래 존재했고 그 밧줄이 크든 작든 당신은 피할 수 없습니다. 그러므로 당신이 알지 못하는 자유를 애도합니다.

만약 우리가 이번 주에 자본주의를 끝장내지 않는다면, 그렇게 하지 않는다면, 그건 우리가 얽혀 있기 때문이죠. 바키타와 북대서양긴수염고래가 지구상에서 사라진 후에도 계속해서 우리가 상처받아야 하는 현실에요. 그러니 고래를 구할 필요는 없지만 적어도 밧줄은 살펴보길 바랍니다. 이미 잘려 나간 것들을, 이 체제의 비용을 인정하세요. 적어도 우리가 이렇게 휘말리지 않았더라면 당신이 어떻게 움직였을지 잠시만이라도 상상해보길 바랍니다. 우리가 그렇게 할 수 있을까요? 나에게 묻습니다. 당신이 이 마지막 두 문장을 조금이라도 느낄 수 있다면 아마 불가능한 일은 아닐 거예요. 당신을 사랑합니다. 당신은 자유로워질 자격이 있습니다.

줄박이돌고래*Stenella coeruleoalba*는 할 말이 있어요.[31] 그녀는 병과 피로에 지쳐 버렸죠.[32] 그녀는 대서양, 태평양, 지중해에서 주기적으로 반복해 나타나는, 같은 종의 돌고래 수천 마리를 죽이는 바이러스에 계속해서 시달리고 있어요. 사회성이 강하고 심해에 사는 줄박이돌고래는 고래목 질병 확산에 취약합니다. 만약 들쇠고래가

이 바이러스에 감염되면 줄박이돌고래도 걸리게 되는
거죠. 연구자들은 아직 이 바이러스의 정확한 원인을 모
르지만 1990년부터 1992년 사이 지중해에서 1,000마
리의 돌고래가 죽었고 2007년과 2019년에 다시 유행했
습니다. 줄박이돌고래의 서식지 오염도 이 사태의 한 가
지 요인입니다.

석유 회사들이 현재 그리스에서 해양 포유류 보호 구
역, 즉 줄박이돌고래가 살고 있는 지중해의 가장 깊은 곳
에서 분주하게 시추 작업을 벌이고 있습니다. 해양 시추
가 그리스의 모든 경제 문제를 해결할 방법이라 여기는
보수적인(그러나 보호주의자는 아닌) 그리스 정부는 가
장 무모한 석유 시추업체들까지 환영하고 있습니다. 물
론 이 정치인들은 그리스에서의 작은 기름 유출 사고가
그곳에 사는 해양 포유류뿐 아니라 그리스 정부와 관광
산업에 미칠 수 있는 막대한 잠재적 비용에 대해서는 말
하지 않아요. 나는 음악과 지역사회 교육을 통해 해양 시
추 사업에 대한 인식을 높이고 이를 막기 위해 노력하는
그리스 활동가들과 연대하며 이 글을 씁니다.

체계적인 억압과 착취의 순환 속에서 병드는 기분이
어떤 건지 알기 때문이죠. 돌고래에게 영향을 미치는 바
이러스는 그들의 폐와 뇌를 압박합니다. 그들은 숨 쉬기
위해 애쓰고 이상한 원을 그리며 헤엄칩니다. 결국 경로
를 벗어나 자신들이 버틸 수 없는 곳에 도달하지요. 이런
사실을 알고 있었나요?

나도 원을 그리며 혼란스럽게 움직여 왔어요. 숨을

쉬기 위해 투쟁해 왔습니다. 내 몸과 영혼에 필요한 것들로부터 이렇게 멀리 떨어져 있게 된 이유가 무엇인지 궁금합니다. 나는 줄박이돌고래에 대한 글쓰기를 마쳤다고 생각했지만, 많은 사람들이 어지러움과 고통, 당혹스러움, 소외감을 느끼고 있어요. 내가 줄박이돌고래라면 뭐라고 말할까요?

사랑합니다. 가장 아프고 슬픈 날에도 당신의 이름만큼이나 푸른 바다를 누려야 합니다. 당신의 필요만큼 깊은 안전을 누려야죠. 음식과 공동체, 학교, 집을 누릴 수 있어요. 당신이 당신의 친족과 어울린 건 잘못이 아니죠. 당신이 믿는 바에 대해 큰 소리로 숨 쉬었던 일도요. 당신이 느끼는 현기증은 정당합니다. 우리는 방향을 잃은 세상에 살고 있습니다. 당신의 폐 속에서 느껴지는 압력은 절박함입니다. 우리는 이 공기의 언어를 배워야 합니다. 우리는 경제적 취약성, 자원 탈취, 낭비, 해로움의 악순환과 반복에 염증을 느낍니다. 우리는 다르게 숨 쉴 준비가 되어있습니다. 그리고 진화합니다.

둥급니다. 뉴질랜드흰머리돌고래*Cephalorhynchus hectori*라고도 알려진 뉴질랜드의 투푸푸^{Tūpoupou}는 둥글둥글합니다. 몸을 구부리며 잠수하는 모습뿐 아니라 특색있는 지느러미와 지느러미발도 둥글어요. 그녀의 얼굴은 둥글고 얼굴과 부리도 구분되지 않습니다. 그녀는 지구상에서 가장 작고 희귀한 돌고래입니다. 이 점이 그녀가 모든 존재와 연결되는 걸 막고 있을까요? 아닙니다.

세상이 둥글다는 사실이 밝혀졌습니다.

현재 이 돌고래는 아오테아로아섬 주변에 약 1,500 마리만 남아 있어요. 이 섬은 그녀가 살고 있는 유일한 장소입니다. 그렇다고 해서 돌고래가 모든 존재와 단절되어 있을까요? 아닙니다. 세상은 둥그니까요.

마오리족이 소유한 최대 규모의 어업 회사가 야생동물 보호주의자들과 협력해 그들 고장의 해안가에 살고 있는 투푸푸와 마우이돌고래의 생명과 생활 공간을 지키기 위한 내외부의 환경 변화를 모색하고 있습니다. 모아나^Moana라는 이름의 이 어업 회사는 세계자연기금^World Wildlife Fund, WWF에 일정 비용을 지불하고 해양 포유류의 익사 상황과 어망·어선·어업 관행을 전반적으로 바꾸기 위해 자문을 구했습니다. 또한 모아나는 아오테아로아에 있는 두 개의 주요 어업 회사 중 하나로, 돌고래를 더욱 철저하고 효과적으로 보호하기 위해 국가 정책 변화를 모색하며 세계자연기금과 협력하고 있죠.

상업적 기업이 소비자가 아닌 다른 종을 위해 내부적 활동과 공공을 위한 행동에 나서는 건 드문 일입니다. 사실 뛰어난 어부나 다름없는 대부분의 돌고래는 어업 회사의 경쟁자입니다. 하지만 그들이 없는 바다를 누가 원하겠습니까? 기억하세요. 세계가 둥글다는 사실을.

내가 제안하는 해양 포유류 수습생 과정에는 어업에서 완전히 손을 떼는 과정이 포함되어 있습니다. 하지만 단기적으로는 여러 종의 경쟁처럼 보이더라도 장기적으로는 모든 종이 필수적임을 이해하는 모아나 같은 어업 기업을 존중합니다. 생태학적 접근은 윤리적입니다. 고려해야 할 비용의 범위는 단일 종의 차원에 국한되지 않습니다. 모아나 세계자연기금이 완벽하지 않다는 걸 알고, 자본주의가 지구를 치유할 수 없음을 알지만 이렇게 특정 분야에서 일어난 드문 협력 사례에서 무언가 배울 수도 있습니다.

어업 회사가 국가적 규모로 내부적, 외부적 활동을 할 수 있다는 사실은, 나 또한 내면의 변화와 세상에서 펼치는 행동 사이의 연결고리를 확실히 기억할 수 있음을 상기시킵니다. 나, 그리고 당신은 시장 이상이 될 수 있습니다. 나, 그리고 당신은 세상이 둥글다는 걸 기억할 수 있습니다. 우리가 만지는 것, 우리가 방향을 잡는 법, 그리고 지구가 둥글다는 건 목적 있는 우리 삶의 척도입니다. 영향력은 언제나 한 종의 범위를 넘어섭니다. 우리는 지구 위의 공간을 차지하기 위해 서로 경쟁하지 않습니다. 생존 가능성을 위해 최선을 다해 서로 연결되는 법을 배우고 있습니다. 이미 지구가 우리가 벌어들일 수 있는 것보다 더 관대하게 우리에게 베풀었음을 압니다. 그래서 너그럽기 위해 최선을 다합니다.

둥급니다. 세상은 포옹처럼 둥글고 당신은 모든 걸 만집니다. 여러분이 무언가를 배워 나가는 방식과 성찰하는 방식을 사랑합니다. 당신이 언제나 익숙하게 배워 온 누군가를 적대시하는 법을 잊어버리는 게 좋습니다.

세상은 둥글어요. 모든 것이 계속해서 돌아오고 당신을
기억합니다. 나는 당신을 기억합니다. 사랑으로.

13. 거부하기

가장 효과적으로 관찰에서 벗어난 해양 포유류들이 있습니다. 예를 들면,

깊이 잠수하는 부리고래는 서양 과학자들에 의해 명확히 확인된 적이 없다.

대서양귀신고래는 노예무역 시기에 사라졌다가 최근에 다시 나타났다.

하와이몽크물범은 하와이 군도의 폐쇄된 군사기지에서 계속 새로 태어나고 있다.

이번 명상에서는 이론가 사이디야 하트만[Saidiya Hartman], 호텐스 스필러스[Hortense Spillers], 와니마 루비아노[Wahneema Lubiano], 케빈 쿼시[Kevin Quashie], 에릭 스탠리[Eric Stanley]와 대화합니다. 보이고 알리는 일, 지배적 패러다임에 의한 인정과 접근 중심의 정치를 거부하는 일에 어떤 의미가 있는지 생각해 봅니다. 도식화하거나 보상할 수 없는, 심지어 이해조차 할 수 없는 삶의 퀴어성 속에 지배 체제가 잠겨 버린다면 무엇이 가능해질까요?

너무나 많은 위대한 예술가와 대부분의 부리고래들처럼 앤틸리스부리고래(또는 멕시코만류부리고래)*는 죽은 후에야 그 가치를 인정받습니다. 과학자들이 바다에서 이 고래를 '확실히 식별'한 적은 없지만, 북대서양 서부 해안에 좌초될 가능성이 가장 높은 이빨고래의 한 부류지요. 따라서 이 고래 종류에 대한 모든 과학적 연구는 발견된 사체의 해부에 기초합니다. 이처럼 살아 있는 모습을 목격한 사례가 전무함에도 스미스소니언 안내서는 바다에서의 성별 구분에 대해 무언가를 말합니다. 답은 없어 보입니다. "아마 바다에서 여성을 식별하기는 불가능할 것이다(호텐스 스필러스와 사이디야 하트만도 이 점을 가르쳐 주었습니다).[33] 그리고 남성은 확인하기가 아마 극도로 어려울 것이다." 나는 궁금합니다.

　　하지만 대부분은 엄청난 경탄의 박수를 보냅니다. 기록을 찾을 수 없는 도망자가 가장 성공한 도망자이니까요. 적어도 서구 과학이 내 친족인 당신의 살아 있는 모습을 오랫동안 발견하지 못했다는 건 얼마나 큰 승리입니까. 우아하고 철저한 삶의 훌륭한 본보기입니다.

　　신비를 보존한 모든 이에게 사랑을 보냅니다. 이분법의 제국이 결코 정의할 수 없는 존재들. 인식을 넘어서는 깊이로 사랑하고, 이해 가능성보다 자유를 길러 내며, 단순한 이해보다 삶을 소중히 여기는 여러분에게요. 내가 무엇인지에 관한 앎 없이도 나를 사랑해 주어 고마워요.

---

*　일반명 제르베부리고래(Gervais' beaked whale).

뛰어오르지도, 꼬리를 보여 주지도 않는 조용한 고래가 있습니다. 부드럽게 숨 쉬고 낮은 목소리로 말합니다. (날카로운 얼굴을 가진 날개 있는 고래로, 밍크고래라는 이름으로 잘못 불리기도 하는) 발레노프테라 아쿠토로스트라타*Balaenoptera acutorostrata***는 한때 과학자들이 '말 없는 고래'라고 부를 정도로 조용합니다. 그들은 수면에 모습을 잘 드러내지 않고 물속에서 방향을 바꾸며 추적자들을 따돌리지요. 하지만 생물음향학 연구자들이 그들에게 귀 기울이고 있습니다. 태평양과 서인도제도의 마이크는 어떤 소리든 기다리고 있습니다.

하지만 거의 들리지 않아요. 최근 태평양에서 진행된 한 연구에서는 손가락으로 빗을 스치는 듯한 작은 소리와 꿍 하는 소리를 녹음했습니다. 이 지역에 사는 아종의 소리를 최초로 녹음한 거죠. 카리브해에서 수집한 소리는 주파수가 너무 낮아 열 배 정도 빠르게 해야 들을 수 있었습니다. 연구자들은 이 고래가 내는 '뽕' 소리가 고래목에게서 들린 건 처음이기에 관심을 기울입니다. 이 글을 쓰고 있는 지금, 과학자들은 인간이 만든 해양 소음 공해로 인해 고래의 소리가 완전히 사라질 미래를 걱정하고 있습니다.[34]

사냥당하는 자의 고요함은 학습의 결과입니다. 생물

**　한국에서는 쇠정어리고래라고 불리기도 한다.

음향학 연구자들만 귀를 기울이는 건 아닙니다. 이 가장 작은 수염고래를 정기적으로 사냥하는 범고래도 마찬가지로 귀를 기울입니다. 그래서 그들은 조용히 말하며 조심스럽게 무리 지어 움직입니다. 그들은 고래류 중 가장 복잡한 수준의 사회 구성(성별, 나이, 재생산 조건 등에 의해)을 이루고 있습니다. 혼자 있을 때는 공간을 공유하고 사냥 경계를 존중하며 어떻게든 조직을 이룹니다. 연구자들은 고래의 짝짓기, 심지어 부모와 자식 관계까지 관찰해 왔습니다. 다시 말하지만 이 모든 조직화는 조용히 이루어집니다. 케빈 쿼시는 뭐라고 말했을까요?[35] 사냥당하는 자의 고요함. 그것이 주권적일까요?

과학자들이 이 고래를 '밍크고래'라 부르는 건 이 고래를 사냥하자고 제안했지만 경험은 일천했던 포경업자의 이름 마인케Meincke에서 유래했다고 추정됩니다. 다른 포경업자들은 이 고래가 상업적 목적으로 쓰기에 너무 작다고 생각했지만, 큰 고래 개체를 대량으로 죽인 후에는 매우 작은 이 친척들이 포경업의 주요 목표물이 되었습니다. 지금 이들은 상업적으로 사냥당하는 유일한 수염고래과입니다. 처음으로 나를 죽이려 했던 자의 이름으로 불리기보다는 침묵을 지키는 게 오히려 낫습니다. 자본의 이름으로 나를 죽이려 했던 자가 내 이름을 지을 수는 없습니다. 당신의 이름은 내 이름이 아닙니다. 내가 지금 무슨 말을 하고 있는 걸까요?

수년간 녹음된 저주파 소리가 있습니다. 이 소리는 최근에야 날개와 날카로운 입, 유선형의 움직임을 가진,

사냥당한 이의 것으로 추정되었습니다. 우리가 듣고 있는지도 모르는 채 우르르 소리를 내며 다가오는 수취인 없는 행동의 조직적인 진동 소리는 지금 무엇을 말하고 있는 걸까요? 내가 하는 모든 말을 불리한 방향으로 사용할 수 있는 이들의 손아귀에서 나는 무엇을 말하고 있는 걸까요? 뭐라고 말해야 할까요? 아마 내 이름이겠죠. 어쩌면 나는 내 진짜 이름을 말하고 있는지도 모르죠. 아마 조용히 내 이름으로 살고 있는지도요. 고요함을 유지하면 배울 수 있습니다. 당신이 이름 붙일 수 없는 것에 반응하세요. 조용한 의도에 따라 변화하세요. 결국 당신이 알지 못한다는 걸 알아야 합니다. 누가 말했을까요? 움직이십시오.

대서양점박이돌고래는 어디서나 감시당합니다. 이것은 우리가 숨 쉬는 물입니다. 너무나 아름다운 욕망의 대상이 되어 겪게 되는 익사입니다. 또는 내 친구 에릭 스탠리가 말한 인식과 반트랜스 관점의 문제와 같죠. "우리가 어떻게 알려지지 않은 채 눈에 띌 수 있을까, 어떻게 사냥당하지 않은 채 알려질 수 있을까?"[36]

대서양점박이돌고래에게 물어보십시오. 실제로 항상 점무늬가 있는 건 아니거든요. 이들 중 가장 나이가 많은 이들에게만 점무늬가 있고, 평생 점무늬가 다르게 나타나는 역동적 특성 때문에 이 돌고래들은 식별하기가 어렵습니다. 스미스소니언 안내서는 이 고래가 "오랫동안 전문가들을 당혹스럽게 했다"라고 말합니다. 이런 이유로, 그리고 아마도 바다에서 멋지게 점프하는 그들의 장대한 공중 정지 시간 때문에 그들은 많은 관심을 받습니다. 예를 들어 1995년 대서양점박이돌고래 한 마리가 텍사스 해안에서 좌초된 적이 있습니다. 물론 텍사스 과학자들은 이 돌고래를 포획했다가 풀어 주었지만 그전엔 등지느러미에 전선을 꿰어 만과 그 너머에서 다른 돌고래들을 감시하게 했습니다. 과학자들은 이를 도움이라 말했죠. 어떤 면에서는 도움도 되었을 거예요. 우리중 일부는 어떤 서비스에 접근하기 위해(내가 이 글을 공유하기 위해 사용했던 소셜 미디어를 포함해서) 추적과 모니터링에 동의해야 했던 걸 떠올릴 수 있을 겁니다. 이 점박이 생태계는 헤엄치기 쉽지 않은 곳입니다.

한 가지 더 말하자면 대서양점박이돌고래는 곡예를 잘하며 민첩하고 재빨라서 일찍부터 씨월드와 같은 포획자들의 꿈을 자극했습니다. 1970년대부터 바하마에서는 한 무리의 돌고래들이 사람들과 자발적으로 교류하다 원할 때는 떠나갔다고 합니다. 안내서에는 "일반적으로 감금 환경에 잘 적응하지 못하기 때문에 전시 업계에서는 인기가 없다"라고 나와 있습니다. 흠. 와니마 루비아노가 우리에게 가르쳐 준 것처럼 무언가를 은폐하기 위한 거짓말처럼 들리네요.[37] 포획된 돌고래의 적응력 부족과 조기 사망, 잦은 사산, 무기력한 삶은 일반적으로 업계가 돌고래 포획을 막지 못해서 일어나는 일이기 때문이죠. 그렇다면 대서양점박이돌고래가 효과적으로 회피하고 있는 것은 무엇일까요? 어떻게 하면 나를 노예로 삼으려는 이들에게 인기 없는 존재가 될 수 있을까요?

줄 없이도 내 모든 움직임에 갈고리를 꽂은 사냥꾼인 당신, 나도 당신을 보고 있습니다. 당신의 욕망에 찬 삶에는 깊이를 알고자 하는 열망이 있음을 압니다. 사랑하는 포식자여, 당신의 모든 사랑이 당신의 거짓말보다 오래 살아남길.

솜씨 좋은 은밀한 곡예사들을 위해. 지속적인 변신으로 체제를 지치게 만드는 이들을 위해. 그래요. 모든 내 사랑을 담아 계속 나아가세요.

스미스소니언 안내서에 따르면 하와이몽크물범과 카리브해몽크물범은 대륙을 사이에 둔 "갈라진 자매"입니다. 사실 2014년에 연구자들이 이 두 종(한 종은 멸종되었고 한 종은 지구상에서 가장 시급한 멸종위기에 처해 있는 해양 포유류로 분류되었습니다)의 진화적 관계의 밀접성을 설명했고, 이로써 스미스소니언은 그들과 지중해몽크물범을 구별하기 위해 100년 만에 처음으로 새로운 물범속 네오모나추스*Neomonachus*를 명명했습니다. 지금은 지중해몽크물범을 '자매'가 아닌 '먼 사촌'으로 설명합니다.

과학자들은 이 '신세계' 물범 두 종이 약 600만 년 전에 '구세계' 사촌(이것 또한 스미스소니언의 용어입니다)과 분리되었다고 추정합니다. 카리브해몽크물범과 하와이물범의 분리는 더 최근인 약 300만 년 전에 이루어졌습니다. 식민주의는 둘 모두에게 치명적인 영향을 미쳤습니다. 나는 그들 사이의 옛날 옛적 연결이 어떻게 이어지고 있는지 궁금합니다. 자매애와 연대, 카리브해(특히 푸에르토리코)와 하와이(특히 신성한 마우나케아의 보호)에서 일어나고 있는 중요한 탈식민 직접행동에 대해 궁금해하고 있습니다.

이 책의 다른 곳에서 과학자들이 멸종했다고 선언한 카리브해몽크물범에 관한 글을 썼습니다. 보호주의자들은 하와이몽크물범이 멸종종의 가장 가까운 생존 친척이라는 점에서 카리브해몽크물범의 멸종을 막기 위해 모든 조치를 취해야 한다고 생각합니다.

개체 수 위기로 인한 최악의 영향 중 하나는 안내서가 "집단폭행"이라 부르는 여성 물범에 대한 남성 물범들의 행동입니다. 우리는 이를 강간, 치명적 강간이라 부릅니다. 이런 행위는 개체 수를 더욱 위협합니다. 이 때문에 보호주의자들은 실제로 남성 물범을 포획해 제거하거나 다른 곳으로 이주시켰습니다. 현재 하와이에는 물범만을 위한 재활 서비스를 제공하는 물범 병원도 있습니다.

고무적인 소식은 하와이몽크물범의 개체 수가 지난 5년 동안 매년 3퍼센트씩 증가했다는 것입니다. 개체 수

에 가장 긍정적 영향을 미친 사건 중 하나는 샌드아일랜
드와 쿠레환초에 있던 미군기지 두 곳의 폐쇄입니다. 몽
크물범들이 그 장소를 되찾았고 개체 수는 꾸준히 증가
했습니다. 안내서에 따르면 이 섬들에서 하와이몽크물
범 개체 수가 줄어든 건 그들이 "인간의 존재를 견디지
못하는 것 같기"때문입니다. 적어도 군대의 존재는 견
디지 못한 것이죠.

　나는 위협받는 집단 내에서 식민주의의 결과가 미치
는 영향에 대해 자주 생각합니다. 거의 모든 것을 잃는
대가에 대해서요. 일반화된 군사주의의 영향도 있겠죠.
우리가 감내하는 다중적 폭력들도 있겠고요. 지구에 남
아 있는 어떤 종의 보존을 위한 집단 비무장화는 어떨까
요? 미국의 식민지 영토가 적극적으로 거부되고 있는 이
상황에서 필요한 연대, 진화적 자매애, 선조의 명령은 무
엇일까요? 식민주의에 대한 불관용은 어떤 모습일까요?
식민적 힘이 실제로 중단된다면 어떤 생명이 피어나고
어떤 회복이 가능해질까요? 이것은 내 자매를 위한 질문
입니다. 그녀가 지금 어디에 있든 말입니다. 나는 잊지
않았습니다. 우리는 자유로워질 수 있습니다.

　아마존강 유역에 사는 '분홍돌고래' 보토는 사실 분
홍색과 파란색을 띠고 있습니다. 그녀는 강과 신화의 합
류점에 살고 있기에 유연합니다. 두상을 바꿀 수 있고 모

든 방향을 볼 수 있습니다. 때로는 1.8미터 이상의 높이로 공기를 내뿜는 그녀의 큰 숨소리를 들을 수 있지만 보통은 한숨 소리 같다고 합니다.

아이는 분홍색이 아닙니다. 전혀 아니죠. 분홍색은 시간이 지나면서 나타납니다. 어차피 우리가 분홍색이라 부르는 건 피의 색이거든요. 피부 표면 아주 가까이에서 노래하는 듯한 모세혈관 때문이지요. 자넬 모네[Janelle Monae]처럼요. 눈에 보일 정도로 취약하다는, 다시 말해 용감하다는 의미입니다. 변화의 혼탁한 물속에서 필요한 곳으로 내 피를 움직인다는 뜻입니다. 준비된 분홍색이지요. 그리고 사냥당하고 있습니다.

나는 여기, 합류 지점에 살기에 숨을 수 없습니다. 대신 내 숨결 자체가 비판입니다. 그것은 공간을 차지합니다. 내 피를 움직입니다. 필요한 곳으로요. 당신은 내가 살아가는 모습을 보고 그것이 내 피부라고 생각합니다. 실제로 나는 그 아래에서 반응하고 모양을 바꾸는 근육입니다. 나는, 나는요. 그리고 나는 내가 되어야 하는 존재입니다. 나는 숨기지 않습니다.

당신의 피를 사탕으로 만드는 세계에서 내가 당신을 사랑한다는 걸 알아주세요. 유연성을 범죄화하고, 삶에 대한 당신의 주장을 지나치게 단순화하는 세상에서도 당신의 피가 내 경전임을 알길 바랍니다. 나는 당신의 혈관에 머물기를 원합니다. 당신의 이름을 부르고 있습니다. 우리는 헛되이 숨 쉬고 있지 않습니다.

샤넬 스컬록[Chanel Scurlock]. 요하나 메디나 레온[Johana Medina

^{Leon}. 치날 린지^{Chynal Lindsey}. 레이린 폴란코^{Layleen Polanco}. 조 스피어스^{Zoe Spears}. 이들과 함께하고 있습니다.[38]

바다에서는 수컷으로 지정된 큰돌고래들이 수십 년 혹은 평생 동안 결속된 한 쌍으로 살아가도 과학자들은 이들을 퀴어로 간주하지 않습니다. 흔한 일입니다. 과학자들이 '연결된 암컷들'이라 부르는 큰돌고래 무리가 전 세계를 항상 함께 여행해도 퀴어로 간주하지 않습니다. 흔한 일입니다. 그런데 이것이 가장 '일반적인' 돌고래의 삶입니다. 전형적인 돌고래들이죠. 지느러미발도, 그들도요. 거의 일관성이 없는 종(먹이, 영역, 출산 시기, 피부색, 크기 등이 다양합니다)이지만 그들은 일관되게 서로를 기억합니다. 수십 년이 지나도 서로의 휘슬음을 잊지 않습니다. 우리가 아는 이들 중 가장 긴 사회적 기억력을 가졌지요. 그래서 우리는 그들이 어떤 대상과 함께하는 것을 적극적인 헌신이라 부를 수 있습니다. 많은 경우 이는 '동성^{same sex}' 간에 이루어지는 헌신입니다.

포획된 상태에서는 어떻냐고요? 그건 또 다른 이야기입니다.

지상에서 바다를 차지하고 있는 퀴어들에게 내 모든 사랑을 보냅니다. 서로의 주변에 일반적인 삶을 쌓아 올려 지구의 나머지 부분을 소금에 절이는 용감한 이들에게요. 우리는 불법적인 조건 속에서 부력을 느낍니다. 우리는 사회적으로 강요되는 서사, 법, 세금 구조의 무게보다 서로를 우선시합니다. 우리는 모든 게 바뀔 수 있다는 사실을 알고 있지만, 만약 내가 선택할 수 있다면 다시 한번 당신을 선택할 거예요.

우리는 곧 해양 포유류가 될 예정입니다. 이 모든 일에도 불구하고 헤엄치는 법을 기억해 줘서 고마워요.

귀신고래는 세상을 만드는 존재입니다. 바다 밑바닥의 퇴적물을 먹고 사는 유일한 대형 고래로, 지구 밑바닥에 거대한 자국을 남기죠. 영양분을 파내어 생태계 전체에 공급합니다. 대서양 횡단 노예무역이 끝난 이후에는 대서양에서 사라졌고요.

무슨 일이 일어난 걸까요? 해양생물학자들은 대서양에 사는 귀신고래 개체의 멸종이 미스터리로 남아 있다고 말합니다. 노예선의 포경업자들이 귀신고래를 죽이고 보고하지 않았을 가능성도 있을까요? 아니면 생각보다 귀신고래 개체 수가 이미 적었던 걸까요? 계산 착오와 기록 미비가 지금까지의 유력한 가설입니다. 아무도 대서양 횡단 노예무역의 시기와 대서양귀신고래의 멸종이 관련되어 있다고 말하지 않습니다. 하지만 나는 관련이 있을 거라고 생각합니다. 아마 저처럼 노예제와 우리의 친족을 함께 떠올릴 수밖에 없는 이들이 있겠지요.

저는 궁금합니다. 네, 궁금하지요. 노예무역과 그것

이 바다에 미친 해로운 영향이 제대로 보고되지 않은 게 아닐까 하는 의문이 듭니다. 루실 클리프턴^{Lucille Clifton}은 "대서양은 뼈의 바다"라고 말했습니다.[39] 생명을 노예로 전환하는 일의 반감기는 얼마나 될까요? 용해되기는 할까요? 노예선에서 자유를 쟁취하기 위해 바다에 몸을 버린, 직접 바다에 뛰어든 그 포로들의 해골은… 무엇이 되었을까요? 퇴적물이겠죠. 결국에는 대서양귀신고래의 수염판에 걸러지지 않았을까요? 따라서 대서양 횡단 노예무역에서 우리가 잃어버린 선조들이 고래가 되었다는 발상에는 실제로 소화의 진실이 담겨 있습니다.

퇴적물에도 지각이 있을까요? 크리티 샤르마^{Kriti Sharma}는 심해 퇴적물 내 미생물이 메탄을 처리해 지구의 균형을 다시 맞추는 수중 연구 프로젝트에 착수했습니다. 바닥에 있는 퇴적물을 소홀히 하지 마십시오. 그곳, 바닥에서 지식이 자라고 있습니다.

아마 종간 관계에는 더 많은 게 있을지도 모릅니다. 대서양 횡단 노예무역에서 살아남지 않으려 했던 이들 사이에 종간 협약이 이루어졌을 가능성이 있을까요? 노예무역에서의 생존을 거부한 결정이 종간에 전이되었을 수도 있을까요? 귀신고래들은 위장 속에 품고 있는 배신의 조건을 거부하고 연대를 위한 행동을 했을까요? 아니면 최근 연구자들이 귀신고래가 대서양과 태평양 사이를 이동할 수 있다는 사실을 발견한 이후, 노예제의 밑바닥을 정확히 알고 있던 대서양귀신고래가 이런 내밀한 지식에 따라 대서양을 떠나 태평양 개체군에 합류하기로 한 걸까요? 깊이 박혀 버린 상실에 대한 알레르기 반응일까요? 가두어진 살덩이에 대한 혐오감일까요?

2013년, (노예제 자체가 아니라 대서양 횡단 노예무역이 중단된 것이지만) 대서양 노예무역이 폐지된 지 205년 만에 대서양 나미비아 앞바다에 귀신고래 한 마리가 나타나 고래 관찰자들을 깜짝 놀라게 했습니다. 최근에는 나의 친족들이 대서양 노예무역에서 살아남은 이들의 후손과 살아남지 못한 부모, 형제자매, 사촌, 연인과 관계가 있을지도 모르는 이들을 포함하는 의식을 대서양을 따라, 여러 날 동안 거듭 치릅니다. 바다를 맞이하며 축복과 정화의 의식을 행하죠.

귀신고래가 대서양으로 돌아갈 준비가 되었다면, 나 또한 그럴까요? 내 소화력은 어떤가요. 생명을 살릴 수 있는 것과 그럴 수 없는 것에 대한 지식의 명확성은 어떠한가요? 참을 수 없는 걸 참지 못하는 건 내 안의 어떤 부분일까요? 수중에 남아 있는 나의 궤적은 어떨까요? 지구에 흔적을 남기는 일, 그리고 내 거부는 어떤 걸까요? 귀신고래의 몸은 지도와 같습니다. 상처, 따개비, 진드기가 그려져 있는 평면이지요. 증거로 가득한 살아 있는 환경 그 자체이기도 합니다. 나는 모든 결정마다, 모든 공모와 매번의 행동마다 그 밑바닥에 무엇이 있는지 자신에게 질문할 수 있을까요? 아무도 볼 수 없는 깊은 물속이라 할지라도, 나는 이 지구의 표면에 어떤 자국을 남기고 있는 걸까요?

밑바닥에는 녹아 버리지 않을 만큼 복잡한 사랑이 있

습니다. 우리는 그걸 소화할 수 없어요. 밑바닥에는 아주 미세한 크기의 선택들이 있습니다. 밑바닥에서 당신이 누구였는지, 당신의 무엇이었는지가 모여 고래가 되었습니다. 당신의 모든 흉터와 무늬를 가지고 내게 돌아오세요. 나는 내 밑바닥에서 당신을 찾고 머리끝까지 당신을 들이마실 거예요. 나는 당신을 기억하고 당신의 도난당한 호흡을 들이마실 겁니다. 우리를 갈라놓는 건 결코 작은 일이 아닙니다. 끝나지도 않은 일이죠. 밑바닥에는 탐욕이 있습니다. 내 사랑은 특별한 질감이 있고 거대하며 상처투성이입니다. 내 사랑은 호흡이고 글쓰기이고 길입니다. 내 사랑은 당신이 누구인지로부터 만들어졌습니다. 내 사랑, 내 소화기관에서 당신의 목소리가 들립니다. 나는 머무르고 떠납니다. 당신이 돌아옵니다.

부리고래과 지피드Ziphiid 중에 신비로운 종이 있습니다. 한 안내서에는 "알려진 바가 거의 없다"라고 나와 있고, 또 다른 안내서에는 "확실히 알려진 건 없다"라고 적혀 있습니다. 이들은 이빨을 가진 유일한 지피드일 거예요. 아마 "발견하기 매우 어려운" 작은 무리로 다닐지도 모릅니다. 아니면 당신처럼 "수면에서 거의 시간을 보내지 않는" 심해 다이버일 수도 있습니다. 이 고래가 다른 이의 어구에 걸리거나 어떤 인간에게 이용되었다는 증거가 없다는 건 확실합니다.

나는 이를 지혜라 부릅니다. 이런 세상에서 발견되지 않으며 숨 쉴 수 있는 포유류의 내적 능력. 언젠가 수면 위를 향한 욕망을 버리고 이렇게 구속받지 않는 법을 배울 수 있을까요? 아무도 내 이름을 부르지 않을 때 나는 바닥에서 무엇을 발견할 수 있을까요?

　　심해 포유류에게 사랑의 인사를 보냅니다. 숨을 천천히 쉬고 시간을 갖고 자신이 있는 곳에 있으며 인정받는 것에 너무나 취한 나머지 익사할 지경인 이 세상에서 들키지 않고 움직이는 법을 배운 당신. 우리가 신비로움을 불러일으키며 신성함에 가까우며 '확실히 알려진 바는 아무것도 없다'는 것을 상기하길 바랍니다. 맞아요. '거의 아무것도 알려지지 않았습니다'. 하지만 이 한 가지만은 알아 두세요. 당신이 머무는 그 깊은 곳에서 당신을 사랑한다는 걸요. 내가 당신을 알기 때문에 그런 건 아니에요. 이 사랑은 전부보다 더 큽니다. 나처럼 당신이 우주만큼이나 검고 알 수 없는 존재이므로 사랑합니다. 무엇보다도 나는 궁금하기에 당신을 사랑합니다.

14. 항복하기

그저 흐름에 몸을 맡기면 어떻게 될까요? 돌고래들
이 먹이를 먹기 위해 해안가로 스스로 밀려왔다 다시 물
결에 실려 바다로 돌아가리라 믿는 것처럼, 아니면 그들
이 계절성 범람에 출산 주기를 맞추거나 폐경기* 지구
menopausal planet의 따뜻한 해류를 따라 전 세계로 이동하는 것
처럼요.** 지구와 맞서 싸우는 대신 지구의 흐름과 함께

* menopause. '완경' '폐경' 등으로 번역할 수 있으나, 독자의 이해
를 돕기 위해 가장 널리 사용되는 단어인 '폐경'으로 옮겼다. '폐경'이라
는 단어에 부정적 의미가 포함되기도 하지만 월경의 종료를 완전함으로
이해하는 '완경' 또한 적절한 대체어라고 보기 어렵다. 최근 대안으로 '종
경'이라는 단어가 사용되기도 하지만 적절한 표현임에도 아직 실제 사용
례가 많지 않다.

** 저자는 '폐경기(menopause)'라는 개념을 통해 기후위기를 탐구
한 바 있다. 체온 조절에 어려움을 겪거나 심각한 안면홍조가 나타나는
건 자연스러운 일이 아니다. 폐경기 여성이 처한 환경에 따라 이러한 증
상은 극명한 차이를 보이는데 지구의 기후 문제도 마찬가지라는 것이다.
저자는 수많은 여성이 폐경을 통해 새로운 통찰을 얻었던 것처럼 우리도
지구의 증상을 통해 이 시기를 전환과 가능성의 공간으로 만들 방법을 모
색한다. 더 자세한 내용은 다음을 참고. https://www.harpersbazaar.
com/culture/features/a44819303/climate-crisis-maui/— (최종
접속일: 2024. 6. 23)

하기 위해 환경과 조화를 이루려면 무엇이 필요할까요? 바다괴물이라 불리는 현대 향고래의 조상, 멸종한 선사시대의 리비아탄 멜빌레이*Livyatan melvillei*는 가장 날카로운 이빨을 가진 존재였습니다. 이들이 죽이거나 씹는 용도가 아닌, 듣기 위한 이빨을 가진 존재로 진화한 사례에서 영감을 받아, 우리나 뒤를 이을 종들이 시기적절하게 무기를 풍향계로 바꿀 수 있을지 궁금합니다.

이 검고 흰 돌고래들은 대부분 해안가에 서식합니다. 협력하여 정어리를 모래밭으로 밀어내고 그것들을 잡아먹기 위해 따라갑니다. 스스로 해변에 올라갔다가 다시 바다가 자신을 데리고 돌아가도록 파도에 몸을 맡기지요. 나도 그렇게 나를 믿을 수 있을까요? 숨 쉬는 방법을 기억할 수 있을까요? 여기 해안가에서, 내 집이 다시 나를 데려가리라는 걸 직감적으로 알 수 있을까요? 가뭄이 언젠가 끝나리라는 것을요? 우리가 함께 감수하는 위험이 가치 있는 무상함이라는 사실을요? 사실 우리는 씨월드 기회주의자들에게 잡힐 위험이 있습니다. 때때로 우리는 잡히기도 하죠.

이곳 해안가에서 나 자신을 믿는 법을 배우고 있습니다. 우리가 제자리에서 벗어나 더 나아질 수 있음을 보여준 모든 동료에게 감사함을 느낍니다. 우리는 우리 종보다 더 오래된 주기들을 믿을 수 있습니다. 우아하게 항복하며 이 일을 해낼 수 있습니다. 인내와 용기로요. 우리의 모든 것을 통해서요. 우리를 만든 존재가 우리를 다시 데려갈 거예요. 파도가 밀려오는 대로요.

바다와 공기의 대조적인 환경을 헤쳐나가는 복합적이며 배고픈 당신에게 사랑을 전합니다. 익숙함에서 벗어나는 위험을 감수하고 새로움을 배워 집으로 가져가려는 여러분의 충동에 경의를 표합니다. 무엇보다 나를 위해 가슴에 고향을 품고 있는 당신에게 큰 감사를 표합니다. 다시 한번 나를 환영해 주어 감사합니다.

현대 향고래*Physeter macrocephalus*에게는 리비아탄 멜빌레이라는 대단히 문학적인 이름의 조상이 있습니다. 성경에 나오는 바다 괴물과 허먼 멜빌[Herman Melville]의 이름에서 따왔는데 이 선조는 거대한 몸집과 날카로운 이빨로 유명했습니다. 실제로 고생물학자들은 그들의 이빨이 30센티미터가 넘으며 역대 동물 중 (엄니를 제외하고) 가장 큰 이빨을 가졌다고 주장합니다. 지금 인터넷에서는 이 고래와 동시대에 살았던 고대 상어 메갈로돈이 싸우면 누가 이길지를 둘러싼 논쟁이 벌어지고 있습니다. 사람들은 이 고래를 두고 맹수[raptorial, rape(강간)에서 유래한 말], 괴물, 타고나길 폭력적인 존재라고 말합니다.

리비아탄(고생물학자들은 '리바이어던[Leviathan]'의 철자를 사용하고 싶었지만, 이미 사용 중이었기에 히브리어 철자로 표기했다고 합니다)이라는 이름에도 선조가 있는데 우가리트 신화에서 '도망자 뱀'을 의미하는 '로탄[Lotan]'에서 유래했습니다. 형용사로서 이 단어는 '꼬인',

'뒤틀린'이라는 의미인데 그 어원에는 앞뒤로 움직인다는 뜻이 있습니다. 유대-기독교 문헌에서 리바이어던이 여러 기능을 수행하듯, 가장 중요한 건 양면성이 있다는 의미입니다. 리바이어던을 창조할 수 있는 위대한 신이라는 의미도 있고, 리바이어던을 파괴할 수 있는 위대한 신이라는 의미도 있지요. 「욥기」에서 우리에게 말하듯 신에게 항복하세요. 또는 토마스 홉스[Thomas Hobbes]가 『리바이어던[Leviathan]』에서 제안했듯이, 항복하여 절대적인 주권자의 통치를 받으세요.

나는 창조와 파괴가 언제나 궁금합니다. 선조가 가진 힘의 역할. 항복과 변화. 과학자들의 말처럼, 날카로운 이빨로 유명했던 존재가 어떻게 수백만 년에 걸쳐 진화해 그 이빨을 씹는 데 쓰지 않고 단지 반향정위를 조정하는 구조로만 쓰게 되었을까요? 그게 가능한 일인가요? 한때 당신을 구멍 내기 위해 만들어졌던 기관이 이제 깊이 귀 기울이는 데만 쓰이게 됐다니요? 향고래는 선조를 드높이기 위해 깊은 바다로 잠수하는 것일까요? 아니면 그들의 이빨은 원래 그런 기능이었을까요? 바다 괴물 이야기가 고생물학자들의 편견을 만들어 낸 걸까요?

지금 알고 있는 이야기는 내가 과거를 바라보는 방식에 영향을 미칩니다. 나는 내 선조 중 일부가 괴물이었다고 생각합니다. 나는 여전히 상상 속에서 창조하고 파괴하는 힘이 있습니다. 한때는 내 날카로운 비판이 문제적이라 생각했습니다. 내 앞에 있는 장애물을 뚫고 독선적인 이들에게 상처 주려고 사용했던 것들이요. 네, 나는 나를 억압하는 세상을 지배하고 싶었습니다. 하지만 이제 나는 내가 상상할 수 없는 세계를 위한 안테나가 필요합니다. 이제 나는 말을 하기보다 더 많이 들어야 합니다. 하지만 여전히 다음과 같이 말해야 합니다.

나는 항복합니다. 괴물을 마주하고 인정할 수 있을 만큼 큰 사랑에게. 바다와 고래를 창조할 수 있을 만큼 깊고 넓은 사랑에게. 우리가 되기까지 오랜 시간이 걸린 선조들의 손길에. 그들이 우리를 다시 부를 때 무어라 부를까요? 그들은 어떤 이야기를 사용할까요? 얼마나 위대한 사랑이면 이 모든 것을 창조할 수 있을까요? 우리가 파괴한 모든 것들을 그들은 무어라 부를까요? 어떤 도망자의 의도가 살아남을까요? 아니면 지구는 우리 없이 다시 노래할까요? 나는 항복합니다. 이름 붙일 수 없는 너무 큰 사랑에.

투쿠시는 가장 작은 돌고래이고 조용합니다. 국제 보호주의자들은 이 종을 '데이터 부족'으로 분류하는데, 무엇을 모르는지 모른다는 뜻입니다. 우리는 알고 있죠. 브라질의 하구와 강 유역 또는 니카라과 북쪽 해안 가까이에 사는 이 돌고래에 대한 추측 중 하나는 주기를 조절해 홍수가 절정에 이르러 강물이 넘칠 때 임신한다는 겁니다. 그런 다음 건기 내내 생각을 키우다 물이 줄어들고 비가 내리기 시작하면, 물살이가 돌아오면 아이를 갖죠.

만약 그렇게 할 수 있다면 어떨까요? 내 안의 물과 더 큰 조수의 주기를, 홍수의 기억과 내 맥락의 썰물에 맞추는 일을 할 수 있다면요. 강물이 줄어드는 동안에도 이 가능성을 계속 키워 나갈 수 있다면 어떨까요? 내가 필요할 때 비가 다시 내 삶으로 돌아올 거라는 믿음을 가꿀 수 있을까요? 내가 헤엄치는 곳 너머 어딘가에 자원이 모이고 있다는 확신을 가질 수 있을까요?

'데이터 부족'의 문제는 책임을 없앤다는 겁니다. 즉 그들이 당신과 당신의 자매들을 비밀리에 죽인다고 하더라도 그냥 비밀로 남게 됩니다. 패턴처럼 보이지 않게 되지요. 수십 년 동안 세상은 당신이 존재한다고 가정할 것이고, 그 일은 그냥 일어난 일이라 생각하게 될 겁니다. 하지만 우리의 붉은 강, 짠 눈물길, 소금기 어린 땀에 다른 정보가 있다면 어떨까요? 만약 뉴스가 잊어버리는 것과 달리 물이 우리를 더 잘 기억한다면요? 나는 당신 안의 물과 당신 얼굴에서 일어나는 홍수, 때때로 말라 버린 당신의 목, 당신이 품고 있는 비밀에 나의 재탄생 시간을 맞출 수 있습니다. 나는 당신의 미래의 흐름을 믿어요. 나는 비를 믿습니다.

말도 안 되는 당신의 일부가 무엇인지 충분히 잘 알고 있는 폐경기 지구에 찬가를 바칩니다. 빙하기와 소행성을 겪었고 이를 잘 알고 있는 그녀에게 찬가를 바칩니다. 당신은 지구를 결코 능가할 수 없으니 그녀에게 좋은 편에 서는 게 나을 거예요.

이와 관련하여 줄박이돌고래가 우리에게 무언가를 가르쳐 줄 수 있습니다. 곡예를 잘하고 날렵한 그녀조차 큰 어머니 지구의 호흡, 땀, 둥글고 우아한 매일매일의 춤에 귀 기울이는 법을 압니다. 깊은 물속에서 줄박이돌고래와 사촌들은 어머니가 이끄는 대로 따라갑니다. 카리브해에서 흘러 올라와 사우스캐롤라이나와 아일랜드 해안에서 자라는 야자수를 키우는 데 도움을 주는 따뜻한 물(아마존강 물의 150배)의 궤적, 멕시코만류처럼 말입니다. 또는 태평양의 쿠로시오해류, 남부 아프리카 해안 근처의 아굴라스해류처럼요. 워싱턴 대학의 연구자들이 해저 센서와 인공위성을 사용해 연구한 결과, 우리가 대기를 바꿨기 때문에 따뜻한 해류의 속도가 느려지고 있다고 합니다. 아무도 당신에게 성숙한 여성의 전파, 온도 조절기, 호흡 공간 또는 시간을 건드리지 말라고 말해 준 적이 없었나요?

오 어머니. 나는 우리 몸의 패턴이 당신에게 가는 지도임을 알 수 있길 바랍니다. 마치 흐름에 올라타듯이 피하지 않고 항복해야 함을 아는 줄박이돌고래를 닮을 수 있길 바랍니다. 따뜻한 곳을 향해 내 움직임을 맞추고 싶지만 잘못된 정보에 기대어 마음속으로 만든 길 위에서 제자리걸음 하며 고군분투하고 있습니다. 만약 제가 당신을 믿었더라면, 나 자신을 믿는 법을 배웠을 거예요. 당신을 지켜봤다면 진정으로 나 자신을 볼 수 있었을 겁

니다. 폴 마샬[Paule Marshall]의 소설 「남편을 잃은 이를 위한 찬
가[Praisesong for the Widow]」에 나오는 에이비[Avey]처럼 이 해로운 하
얀 유람선에서 내려 통제권을 놓아버려도 아직 늦지 않
았을지 궁금합니다.[40]

　　따뜻한 곳에 있을 때, 당신은 지혜롭고 따뜻함이 필
요한 곳으로 당신의 온기가 흘러가도록 내버려둡니다.
차가운 곳에 있을 때, 당신은 빈틈이 없으며 소금기가 진
흙 속으로 가라앉게 내버려둡니다. 당신이 어디에 있든,
당신은 움직이고 있습니다. 물을 담는 그릇, 우주를 받치
는 이, 둥근 공전. 당신의 주기가 모든 것을 만듭니다. 당
신은 달이 당신을 사랑하도록, 당신의 눈물을 끌어당기
도록 내버려둡니다. 우리가 기억할 수 있을 만큼 오랫동
안 당신은 우리를 이곳에 살게 했습니다. 그 교훈의 길이
만큼 우리를 놓아주었습니다. 우리가 놓아주는 법을 배
우거나 당신이 우리를 놓아줄 것입니다. 몰아치고 밀려
드는 새로운 시작의 입맞춤으로. 당신은 우리를 다시 끌
어안고 별들에게로 되돌려 보낼 것입니다.[41]

15. 깊이 들어가기

현재 일어나는 이슈나 소셜 미디어 반응의 표면 아래로 깊이 들어가려면 무엇이 필요할까요? 무엇이 당신의 행동 아래, 그리고 그 아래, 또 그 아래에 있는 것을 살펴볼 수 있게 해 줄까요? 향고래는 1.6킬로미터 깊이까지 잠수합니다. 어쩌면 우리에게 조언해 줄 수 있을지도 모릅니다. 바다도 깊이에 대한 많은 교훈을 주지만, 당신이 바닥에 도달했다고 생각할 때조차 때로는 더 깊은 곳이 있습니다. 숨을 쉬세요.

깊이 잠수하기 위한 가이드

1.6킬로미터 이상 잠수할 수 있는 향고래*Physeter macrocephalus*로부터.

숨쉬기

향고래는 한 번의 호흡으로 폐에 있는 공기의 90퍼센트를 교체할 수 있습니다. 5미터 높이로 숨을 내뿜을 수 있습니다. 당신이 얼마나 깊이 숨을 쉬고 있건, 숨을 더 많이 쉬고 더 오래 내쉬세요.

당신 이마에 대한 책임감 느끼기

우리의 머릿속에는 딱딱하게 굳힐 수 있는 왁스가 가득합니다. 그것을 무게추 삼아 더 깊이 잠수할 수 있고 그것을 녹여 가볍게 만들어 물에 뜰 수도 있지요. 당신 머릿속에서 무슨 일이 벌어지고 있나요? 의도를 갖도록 하세요.

쉿

우리는 수면에서 18미터 길이로 몸을 쭉 뻗은 다음 등을 아치로 구부려 아래를 향하게 하고 꼬리를 함께 움직이며 '겨우 물결을 일으킵니다'. 우리는 깊이 잠수하기 위해 에너지를 아끼고 있어요. 지금은 물을 첨벙거릴 때가 아니에요.

유연해지기

깊은 바다에는 압력이 있습니다. 엄청난 압력요. 당신의 가슴을 압박하고 폐가 무너질 거예요. 당신은 그것을 심장이 무너지는 일이라 부릅니다. 그런데 그렇지 않습니다. 그건 당신이 스스로를 포옹하는 방법이에요. 당신을 재구성하는 거죠. 다시 환영하는 방법입니다. 그렇게 되도록 두세요.

행동에 구체성 부여하기

폐가 위축되면 혈액 속 산소가 필요해질 겁니다. 산소는 근육 깊숙한 곳에 있습니다. 연습을 통해 그곳에 저장되어 있죠. 연습이 깊이를 촉진하게 하세요. 필요할 때 산소는 거기에 있을 겁니다.

듣기

우리는 귀가 아닌 목구멍 아래로 들어요. 우리는 지구 반대편에서도 서로의 소리를 들을 수 있습니다. 우리는 혼자처럼 보여도 결코 혼자가 아니죠.

돌아오기

깊은 곳에서 충분한 시간을 보내면 알 수 있습니다. 알 수 있는 내용은 다양하죠. 필요에 맞추어 조율하세요. 영양분을 고려하고요. 생각을 지휘하고 그것을 녹여 가볍게 만드세요. 그리고 돌아오세요.

외골수 포경업자들이 긴수염고래라 부르던 고추돌고래*Lissodelphis*와 다른 많은 해양 생물들은 '심해 산란층'에 의존해 살아갑니다. 깊은 산란층이란 무엇인가요? 프로젝트에 몰입하고 있을 때, 왠지 모르게 무너질 것 같은 느낌이 드는 순간을 말하는 건가요? 아뇨. 그보다 더 멋진 거죠.

제2차세계대전 당시 수중음파 탐지기 운용자들이 해저라고 생각했을 정도로 생명체로 가득 찬 심해(수심 300~400미터)가 있습니다. 하지만 그곳은 해저가 아니었습니다. 수중음파 탐지기를 반사하는 엄청나게 많은 작은 부레가 있었던 거죠. 부레란 물살이의 신체 기관 중 하나로, 공기로 채워져 있어 수심을 유지하며 안정적으로 떠 있게 도와줍니다. (내가 프로젝트에 몰두하다 포기하려고 할 때 필요한 것과 같죠.) 이미 알고 있던 사실인가요?

소리가 통과하지 못하는 가짜 해저? 심해 부레? 남반구와 북반구의 고추돌고래 여러분, 수천의 생명체가 살 수 있을 만큼 충분한 심해를 알고 있어 주어 고마워요. 예수께서 그런 것처럼 당신은 물속에서 수천의 물살이와 해저 바닥을 발견했습니다. 신성한 일이죠.

우리는 어떤가요? (인종차별주의자들이 인종차별적인 이유로 인종차별을 하는 것처럼) 방해물이 우리를 방해할 때 어떻게 깊은 곳에 머물 수 있을까요? 어떻게 하면 무리의 대형에서 벗어나지 않고, 부레가 떠 있는 깊이를 유지할 수 있나요? 우리의 가족과 공동체를 모두 먹여 살릴 수 있을 만큼 생명체가 풍부한 수심을 어떻게 알 수 있을까요? 우리가 속한 무리가 언젠가는 나보다 더 큰 무언가를 먹여 살릴 거라는 사실을 어떻게 알 수 있을까요? 하와이의 신성한 마우나케아에서 망원경 건설을 중단시키고[42] 자메이카의 신성한 콕핏컨트리에서 채굴을 막으며,[43] 푸에르토리코의 식민지배자를 축출할 수 있을까요?[44] 우리도 그만큼 두터워질 수 있을까요?

어쩌면 예측 가능한 것을 탐색하는 동안 우리가 전혀 듣지 못한 오래된 현상들이 있을지도 모르겠어요. 우리가 기억해 주길 바라고 있을지도 모르지요. 안다는 건 이렇게 겸허한 일이겠지요.

내가 아는 건 여러분이 자랑스럽다는 겁니다. 여러분이 하는 일의 깊이, 여러분이 파헤치고 있는 층위들, 당신이 바닥이라고 생각했던 게 실은 **욕구**라는 소리의 반사에 불과했다는 사실을 알게 되었을 때의 변화 같은 것들요. 당신의 삶과 두터움과 그것이 먹여 살리는 존재들이요. 언제나 내게 새로움을 가르쳐주는 방식이요. 내 겹겹의 필요에 관대한 당신이요.

깊은 곳에 머무르기 위해 당신이 얼마나 부지런히 숨을 쉬는지. 우리 삶에서 반사되는 모든 소음이 있습니다. 함께할 때 우리는 얼마나 강력한가요. 우리는 군함들을 혼란에 빠트릴 수 있고 소리를 산란시킬 수 있습니다. 우리가 아는 내용으로 전체 이야기를 바꿀 수 있죠. 이건 바닥이 아니라 생명입니다. 바닥도 벽도 아닌, 우리의 공기입니다.

16. 검정으로 있기

해양 포유류의 몇 가지 습성은 흑인 해방 운동의 전략 및 경향과 공명합니다. 또한 해양 포유류를 설명하는 과학적 감시와 프로파일링 기술은 흑인을 범죄화하는 시스템과 여러 공통점이 있습니다. 오드리 로드^{Audre Lorde}의 말대로 '검은 유니콘'인 어린 외뿔고래부터 '호박 머리'라는 뜻의 라틴어 이름을 가진 고래, 바다의 늘씬한 흑표당* 당원, 콜럼버스의 첫 희생자이자 그 지역의 농업 시설에 말 그대로 윤활유를 제공했던 멸종한 카리브 해몽크물범까지, 이 장은 해양 포유류와 흑인의 친족 관계, 연대와 사랑, 선택 가족,** 새로운 전통, 풍부한 생존의 가능성을 탐구합니다.

검은 유니콘은 실재합니다. 그들은 어린 외뿔고래입니다. 모든 지정성별여성 어린 외뿔고래가 그렇지는 않지만, 일부는 바닷물을 호흡해 주변 환경을 감지하고 이

---

* Black Panther. 인종차별에 저항한 미국의 급진 좌파 조직으로 1966년 결성되어 1982년까지 활동했다.

** chosen family. 혈연이나 법률혼으로 형성되지는 않았으나 가족처럼 친밀한 관계를 의미한다.

를 뚫고 나가는 예민한 뿔이 있습니다. 남성 외뿔고래만 뿔이 있다고 생각하는 건 남근에 대한 과학자들의 사고 방식 때문일 뿐, 북극에 사는 우리 유니콘 스승들의 삶을 반영하진 않습니다.

오드리 로드가 이미 우리에게 이렇게 말했듯이요.

블랙 유니콘은 오인되었다
그림자로
또는 상징으로
차디찬 땅을 헤치며
끌려다녔다.
내 분노를 향한 조롱이
안개처럼 흩뿌려진 곳을[45]

시간이 지나면서 어린 외뿔고래는 자신을 둘러싼 얼음과 비슷해지겠지만 지금은 태어난 깊은 곳처럼 검습니다. 그녀는 필요한 만큼 날카롭고, 얼어붙은 곳에서도 호흡할 수 있을 만큼 단호합니다. 모든 검은 유니콘이 뿔을 드러내는 건 아닙니다. 하지만 우리 중 일부는 여러분의 몽상을 재구성하고 있어요. 환영합니다.

나는 우리들 검은 유니콘, 우리의 적응 방식을 사랑합니다. 나는 우리 몸이 우리를 둘러싼 환경에 동화되기를 거부하고 민감성을 용감하게 발휘해 돌파구를 뚫는 모든 방식을 사랑합니다. 우리는 우리를 강하게 만드는 그 뿔 때문에 사냥당하곤 하지만, 로드의 말속에 언제나 안길 수 있기를 바랍니다. 이 돌파구에서 자신을 조정하고 서로를 지지할 수 있기를. 나는 언제나 우리를 믿어 왔어요.

고양이고래*Peponocephala electra*(고양이고래의 라틴어 이름은 '호박머리'라는 뜻입니다)의 겹겹이 쌓인 흑인성을 사랑합니다. 흑인이면서 흑인 이상이죠. 자신의 흑인성을 가로질러 흑인의 가면을 쓴 흑인이기도 해요. 토니 모리슨^Toni Morrison의 빌라도^Pilate가 "무지개일 수도 있다"라고 묘사한 흑인 말이에요.[46]

열대지역에 사는 고양이고래는 오래 전부터 특정 고래들과 연합한다고 알려져 있습니다. 바로 샛돌고래와 뱀머리돌고래인데 이들도 고양이고래처럼 거친 이빨을 가졌지요. 날씬한 범고래로도 알려진 들고양이고래와 이빨이 많은 고양이고래를 멀리서 볼 때 헷갈리지 않는 방법은 고양이고래가 누구와 함께 다니는지 관찰하는 겁니다. 그들 사이의 유대는 강력하거든요.

실제로 바다에서 일어난 서로 다른 고래 종간의 입양에 대한 최초의 보고에 따르면 일반적인 큰돌고래 무리가 길을 잃은 고양이고래 한 마리를 입양했습니다. 엄마, 자매, 그리고 온 가족이 함께요. 새어머니는 세심하게 보살펴 주었습니다. 새로운 자매는 적당히 짜증스러웠고요. 고양이고래는 이 새로운 가족의 행동을 관찰하고 꽤

나 빠른 속도로 이 가족만의 라인댄스와 스페이드 규칙을 배웠습니다. 누가 알겠습니까? 어쩌면 내년에는 고양이고래가 야외 요리 파티에 감자 샐러드를, 보트 경주에 쌀과 완두콩을, 마을 결혼식에 푸푸***를, 로티를… 제가 뭐라고 했죠? 배가 고픈 걸까요?

그래요. 당신이 여러 겹의 흑인성으로 살아가는 방식을 사랑합니다. 검정이 검정으로서 검정을 만나는 것 말이에요. 필요에 따라 가족을 만들고, 남겨진 부분과 발견한 것들로부터 전통을 창조하는 방식을 사랑합니다. 놀이-사촌, 자매-친구****라는 관계의 기술을 찬양합니다.

평범함이 당신의 손에서 성스러움이 되는 그 달콤한 방식을 찬양합니다. 삽이 삽일 수 있는 건 그걸로 팔 수 있기 때문이라는 것도요. 우리가 모든 것과 함께 사회적으로 살아 있을 수 있다고 주장한 덕분에 자유가 비옥해지는 방식을 찬양합니다. 그건 마치 카니발이나 이스턴 파크웨이 퍼레이드, 시네콕 노동절 집회 같을 수도 있을 거예요. 나는 그곳에서 당신을 만날 겁니다. 행복만큼 깊게, 은총만큼 넓게, 사랑만큼 흑인으로요. 그럴 수 있겠지요. 무지개가 될 수도 있겠지요.

***　가나를 비롯한 여러 서아프리카·중앙아프리카 나라에서 먹는 대표적인 음식으로 카사바, 얌, 플랜테인 같이 녹말을 함유한 재료를 으깨서 만든다.

****　함께 자라거나 주변의 가까운 사람을 의미한다. 혈연관계는 아니지만 가장 친한 친구 이상으로 평생 함께하고 싶은 각별한 사이를 가리키며 특히 흑인 커뮤니티에서는 이와 같은 확장된 사회적 네트워크의 중요성을 강조한다.

호박머리, 페포나세팔라 엘렉트라*Peponacephala electra*
등 여러 이름으로 알려진 고양이고래는 검정 집단 안에
서, 그들과 가까이 여행합니다. 이빨이 많은 고양이고래
는 수백 마리씩 지구를 가로질러 이동하고 조직적이며
서로에게 헌신합니다. 만약 누군가 좌초되면 다함께 좌
초합니다. 만약 그들이 좌초되지 않는다면 추적이 어렵
습니다. 촘촘하고 거대한 이동 방식 때문이죠. 과학자들
이 제대로 관찰하기 어려우며 다른 검은색 돌고래나 고
래와 혼동하곤 하죠. 특정 돌고래(긴부리돌고래, 샛돌고
래)와의 교류를 보고 이들을 알아볼 수 있어요. 이들은
열대지역 전역에 퍼져 있으며 때로는 엘렉트라돌고래,
또는 작은 범고래라 불리기도 합니다. (그들의 학명은
1960년대의 라틴어연구소에서 잘못 번역한 것으로, 문
자 그대로 호박머리를 뜻합니다. 많은 민망한 별명들처
럼 고착된 이름이 되었지요.)

그들이 하는 일은 이렇습니다. 일출부터 정오까지 휴
식을 취합니다. 수면 위에서 숨을 쉬다 잠에서 깨어납니
다. 오후 내내 그들은 생물음향학 연구자들의 녹음 장비
의 한계를 넘어 인간 대부분의 가청 범위를 넘어서는 주
파수로 서로에게 휘슬음을 냅니다.[47] 그들이 검은 것처
럼, 검은색이 검은색이 되는 밤이 오면 일합니다. 먹이를
찾아 이동하는 거대한 움직임은 눈에 보이지 않습니다.
바닥에 있는 먹이를 찾아 반향정위 행동을 하고 모양을
보고 먹습니다. 자신의 모습과 필요한 것의 모양을 잘 알
고 있습니다. 또는 그들이 밤에 대양에서 하는 활동을 혹

인적 맥락에서 일어나는 집단 양육의 검은 작업이라 부를 수도 있습니다. 어둠의 지원을 받죠. 그리고 해가 뜨면 다시 휴식을 취합니다.

저는 여러분이 가까이 있음에 대해 무엇을 알고 있는지 궁금합니다. 검정에 대해서, 동시에 모두가 함께 잘못된 결정을 내리는 일에 대해서요. 시각이 아닌 교감으로 움직이는 것에 대해서, 아침 내내 호흡하고 오후에 모이는 것에 대해서요. 집단적인 흑인 운동과 효과적인 물보라 위장에 대해서요. 어둠의 영양분에 대해서. 새롭게 알아차리는 순간에 대해서요.

저는 아침 내내 호흡하고 해가 뜨는 열기 속에 쉬었습니다. 맞아요. 나는 일어나 당신의 부름에 귀를 기울이려고 합니다. 듣기보다 느끼기 위해 더 자주 휘슬음을 내려고 합니다. 남은 하루 동안 당신과 함께 노래할 거예요. 때가 되면 우리가 해낸 이 어두운 시간의 깊이에서 당신의 목소리를 들을 수 있습니다. 당신을 느낄 수 있습니다. 우리에게 필요한 모든 걸 찾을 거예요.

그리고 슬림^{Slim}이 있습니다. 호박머리(고양이고래)나 또다른 지느러미고래라는 설명도 있지만, 슬림은 슬림일 뿐이에요. 늘씬한 들고양이고래 *Feresa attenuata* 지요. 슬림은 살해자라고 불리기도 합니다. 별칭은 피그미범고래입니다. 실제 범고래보다 훨씬 무섭다고들 하지요.

오듀본 안내서는 그들을 '싸움꾼'이라고 묘사합니다. 두 번이나요. 들리는 말로는 슬림을 가두려다가 조련사와 합사한 고래 등 관련된 모두가 재앙을 맞았다고 합니다. 슬림은 갇히기를 거부하거든요. 맞아요. 슬림은 차라리 당신을 도륙할 거예요.

슬림은 날렵하고 쉽게 포착되지 않습니다. 안내서에 따르면 슬림은 거의 보이지 않지만 거의 모든 곳에 있을 수 있다고 합니다. 슬림이 의도적으로 배를 피한다고들 생각하지요. 그렇기에 슬림의 명성은 계속 높아집니다. 반면 출산, 사랑, 유대와 같은 그들의 신성한 실천은 결코 시야에 포착되지 않죠.

아마도 내가 흑인에 대해 특별한 애정을 갖고 있는 걸지도 모르겠네요. 아빠와 관련된 나의 고질적인 문제일 수도 있고요. 누가 알겠습니까? 하지만 나는 슬림을 범죄자가 아닌 수호자로 생각하고 싶어요. 슬림의 은밀함이 바빌론이 감당할 수 없는 더 큰 일을 보호하고 있다고 생각하고 싶어요. 다른 고래들이 클릭음을 내거나 노래를 부를 때, 슬림은 수면에서 으르렁거린다고 합니다. 바다의 흑표당원이죠. 슬림은 다른 돌고래들처럼 뛰어오르거나 회전하지 않는다고 합니다. 오듀본 안내서는 그들을 다른 배와 함께 하는 유쾌한 돌고래들과 비교하며 탄식합니다. "느리고 무기력해 보인다"라면서요.

하지만 슬림은 게으르지 않죠. 차분하고 착합니다. 놀러 온 게 아니기 때문입니다.

전 열대지역의 보호자인 당신에게 우리가 가치 있는

이유는 무엇일까요? 지구의 허파인 아마존 열대우림이 불타고 정치인들은 아무것도 하지 않습니다. 살해자들이 바다를 오염시키고 자신의 미래를 독살하고 있습니다. 당신은, 당신의 모든 과정을 우리로부터 보호합니다. 여러분은 화려하고 추적할 수 없고 가둘 수 없고 잡을 수 없는 존재가 되기 위해 허락받을 필요가 없습니다. 당신은 자신의 이름에서 벗어나 암호와 별칭으로 불리죠.

죽음의 계약 조건을 거부한다는 이유로 당신을 범죄자로 몰아붙이는 이들. 살해자를 위한 공연을 거부한다는 이유로 당신을 살해자라 부르는 이들. 당신을 발견하지 못했으면서도 당신의 이름을 작게 부르려는 이들. 내가 아는 것을 모르는, 당신의 이름을 부르는 이들. 내가 원하는 것, 열대의 평화와 자유를 원하지 않는 이들.

자신이 저지른 폭력을 부정하는 이들이 나를 두려워합니다. 내가 보이지 않는 곳에 있을 거라 상상하는 거죠. 세상이 얼마나 검고 자유로운지 스스로 가르치기 위해서요. 사랑이 얼마나 완전하고 미끄러운지. 삶이 얼마나 배고프고 끈질긴지. 아무도 여러분을 땀 흘리게 할 필요가 없을 때까지요. 이미 가지고 있는 청구서를 불태우세요. 즉 호흡과 깊이와 여러분의 삶. 그것은 은밀함과 구체성, 당신만의 방식입니다. 그것은 바로 지구 그 자체, 본래의 고요함입니다. 당신이 이미 가진 것입니다. 우리가 관여할 일이 아닙니다.

먼 옛날, 하얀색은 포식자로부터 아기 하프물범을 보호해 줬습니다. 눈 속에 잘 섞여 숨을 수 있도록 도와주었지요. 아무도 그들을 볼 수 없었습니다. 하지만 수백 년 전, 인간들이 하얀색에 다른 의미를 부여하면서 흰색은 하프물범에게 불리한 조건이 되었습니다. 인간은 돈과 코트를 위해 그 흰색을 이용했습니다. 아마도 당시 하프물범은 포식자가 흰색의 기술을 이용해 무엇을 할 수 있는지에 대한 새로운 사실을 배웠을지도 모릅니다.

　다행히 하프물범은 어떻게 그걸 놓아줄지 알고 있었습니다. 그들은 2주 정도 흰색을 유지하다가 다 벗어 버립니다. 획. 다층적인 존재로 살기 위해서요. 미성숙한 상태로 지내며, 헤엄치는 법을 절대 배우지 않고 수면에서만 산다면 하프물범은 어떤 모습일까요? 그랬다면 전혀 살 수 없었겠죠. 더구나 당신이 지구를 녹여 버렸다면 말이죠.

　옛날 옛적에 하얀색이 있었습니다. 곧 하나의 추억이 되겠죠. 당신은 헤엄치는 법을 배우고 있나요?

　표면의 흰색과 대비되어 언제나 도드라져 보였기에 깊이 잠수하는 법을 배운 우리에게 사랑을 보냅니다. 다행히도 우리는 숨 쉬는 법을 배웠습니다. 이 모든 것 이전의 깊이를 기억한다면. 계속 살아갈 수 있습니다.

국제적으로 우리의 인신매매는 금지되었지만 사냥은 여전히 합법입니다. 날개와 날렵한 부리를 가진 쇠정어리고래*Balaenoptera acutorostrata*는 가장 작은 수염고래이자 유일하게 상업적 사냥이 허용된 고래입니다.

당연하게도 안내서는 사냥 대상을 사냥감으로 묘사합니다. 이 고래에 대해 "예고 없이 당신 옆에 나타날 수 있으며" "흔적도 없이 사라질 수 있다"라고 설명합니다. 사냥 대상의 움직임을 연구하면(사냥꾼들이 하는 일이죠) 패턴을 발견할 수 있습니다. 날렵한 부리를 가진 고래의 잠수 패턴은 독특하다고 합니다. 그들은 45도 각도로 물에서 나오며 꼬리를 드러내지 않는다고 해요. 무리지어 이동할 때는 성별, 나이, 생식 상태에 따라 분리된다고 합니다. 아무도 그들이 실제로 어디에서 태어나는지는 모르지만, 녹음 자료에 따르면 소앤틸리스 제도 같은 (우리 중 일부가 유래한) 작은 섬들 주변의 심해에서 태어나는 것으로 추정됩니다. 숨 쉬는 모습은 볼 수 없지만 '고요한 날'에는 그 소리를 들을 수 있다고 합니다.

때때로 그들은 우리에게 상처가 없는지 확인합니다. 범고래가 우리를 공격하는 동안 그들은 지켜보고 메모했습니다. 그들은 우리가 어디에서 왔는지, 정확히 얼마나 있는지 모르지만 우리를 사냥하는 게 합법이라고 했습니다. 우리는 비록 작지만 크고, 그들의 상상 속 우리는 수가 많았을 테니까요. 우리는 여기 있었지만 우리는 저기에 있었고, 날카롭고 날개가 있었고, 꼬리로 무언가를 했고, 그런 설명에 들어맞았을 테니까요.

사냥당하고 거래되고 배신당한 이에게 모든 사랑을 바칩니다. 유령 같은, 단련된, 분리된 이들에게 사랑을 보내요. 온종일 누군가의 악몽이 되는 게 무엇인지 압니다. 하지만 내가 당신을 꿈꿀 때 당신은 자유로워요. 당신의 날개는 숨겨지지 않아요. 날카로운 얼굴은 편안해지고 원할 때 큰 소리로 시끄럽게 숨 쉴 수 있습니다. 원하는 방식으로요. 아무도 당신을 잡을 수 없어요.

과학계는 카리브해몽크물범이 멸종되었다고 봅니다. 마지막으로 확인된 목격 사례는 1952년으로 아빠가 태어나기 몇 해 전입니다. 콜럼버스 일행이 카리브해에 도착했을 때 가장 먼저 한 일 중 하나가 물범 살해였습니다. 도착하자마자 여섯 마리를요. 검은색으로 태어나 자존심이 강했던 카리브해몽크물범은 식민지 개척자들을 전혀 두려워하지 않았다고 합니다. 오히려 호기심과 침착함을 잃지 않았습니다. 반면 식민지 개척자들은 계속 두려움에 떨며 그에 기반한 방식을 사용했고, 전혀 침착하지 못했습니다. 그 방식은 바로 대량 학살이었죠.

카리브해몽크물범의 기름은 말 그대로 플랜테이션 경제 기계의 윤활유였어요. 기름 없이는 무엇도 작동하지 않았죠. 일부 플랜테이션에서는 매일 밤 몽크물범을 사냥했는데, 다음날 사탕수수 가공 기계를 원활하게 돌리기 위해서였죠.

아빠가 카리브해몽크물범이었다고 말할 수는 없습니다. 아빠가 태어나기 전에 몇 마리가 뉴욕 수족관으로 이주당했고 붙잡혀 있었지만요. 카리브해몽크물범이 멸종위기종 목록에 올랐을 땐 이미 멸종된 상태라 믿고 있었습니다. 너무 늦게 전립선암 진단을 받고 사망한 클라이드 검스^{Clyde Gumbs}가 카리브해몽크물범이었다고 말할 수는 없습니다. 다만 그가 세속적 소유물을 거의 갖고 있지 않았다고 말할 수는 있습니다. 매일 같은 옷을 입었죠. 아빠에게는 습관과 의식이 있었다고 말할 수 있습니다. 카리브해에 살았을 때, 작은 디지털카메라를 들고 매일 아침저녁 눈을 찡그리고 뜨고 지는 해를 바라보았다고 말할 수 있습니다. 아빠는 호기심 많고 차분한 사람이었다고 말할 수 있습니다. 어떤 사람들은 이를 이용했죠. 아빠가 흑인으로 태어났다고 말할 수 있지만 결코 두려워하지 않았다고 말할 수는 없습니다. 아빠의 죽음 원인은 의료 시스템의 대척점에 있습니다. 흑인의 죽음을 설탕으로 바꾸는 기계 때문에 죽었습니다. 네, 나는 대량 학살이라 말할 수 있습니다.

아이티와 자메이카의 사람들은 때때로 카리브해몽크물범을 봤다고 확신에 차 말합니다. 과학계에서는 이는 불가능하며 당신이 본 건 아마 서식지를 벗어난 두건물범일 거라고 합니다. 하지만 만약 기적적으로 그를 만나게 된다면 내가 흑인으로 태어난 것에, 호기심 많은 것에 고마움을 느낀다고 전해 주실래요? 침착하고 용감한 존재가 되어 준 당신께 감사합니다. 매일 밤 사냥당해도,

그들이 당신을 어떻게든 바꾸려고 해도 변하지 않는 당신의 모습을 존경한다고 말해 주세요. 설탕이 아닌, 녹지 않는 소금의 달콤함으로 당신을 사랑한다고 전해 주세요. 당신의 이름 안에서 제국보다 더 오래 살아남은 흑인으로서 당신을 사랑합니다. 해가 뜹니다. 해가 집니다.

17. 속도 늦추기

어디로 그렇게 빨리 가고 있다고 생각하나요? 이 명 상에서는 빠르게 흘러가는 세계에 대한 전략적 개입으 로, 속도를 늦추는 일과 우리가 속도를 늦출 수 없다고 느끼게 만드는 그 긴급함에 대한 적절한 응답을 제시합 니다. 속도와 쾌속선, 자본주의의 가속도, 대양과 우리의 해양 포유류 멘토들 그리고 우리의 삶을 위협하는 오염 의 편리성에 대한 내용입니다. 만약 우리가 내면화된 시 간의 시계에서 벗어나 느림의 효율성과 효과, 아름다움 을 기억할 수 있다면 어떨까요?

잔점박이물범은 물속으로 들어가기 전에 심장박동을 늦춥니다. 네, 맞아요. 분당 120회에서 3, 4회로 심박수 를 늦추죠.

하지만 그녀는 먼저 숨을 내쉽니다.

물속에 있을 때 필요한 산소는 잔점박이물범이 가지 고 있는 산소입니다. 수심 460미터까지 내려가면 피가 근육을 통해 숨을 쉽니다. 그녀가 해야 할 일을 하기에 충분한 깊이죠. 그녀는 심장박동을 늦추고 듣고, 닿고, 압니다.

만약 당신이 심장박동 사이의 세상을 들을 수 있다면 어떨 것 같나요? 신뢰가 깊어질 만큼 아주 느리게요. 내 심장에게 속도를 늦추라고 말하는 기술은 어떻게 배울 수 있을까요? 압력이 오고 있어요. 속도를 늦추면 우리에게 필요한 공기를 얻을 수 있을 거예요. 속도를 늦추고 당신 밑의 바다를 믿으세요. 그 안에서, 사랑을 기르는 그 밑바닥에서요.

그러고 나서 당신은 돌아옵니다. 수면 위로 나와 하늘을 만나러 가기 위해 심장을 뛰게 하고, 세상을 느끼기 위해 다시 숨을 쉽니다. 당신의 심장. 인식의 속도. 당신의 심장. 깨어나는 당신의 폐.

당신을 너무 사랑하기에 나는 변화하는 심장을 배우고 싶습니다.

느려지고 빨라지는 방식. 숨이 풀렸다가 막힐 듯한 느낌 모두를요. 나는 사랑이 요구하는 속도로 숨 쉬려고 해요. 항상 같지는 않지만, 항상 여기에 있습니다. 내 심장이 있어요.

잔점박이물범은 일생의 절반을 물속에서 살아갑니다. 나머지 절반은 육지에서 살고요. 모든 과정에서 그녀는 자기 심장을 알아야 해요. 그것이 무엇을 가능하게 하는지도요. 그녀의 숨과 그것이 요구하는 바를요.

나는 심장으로 이 모든 삶을 살아갈 수 있습니다. 내 모든 초조함과 두려움에도 불구하고, 사랑이 당신을 알고 있듯 나는 내 심장을 알 수 있습니다. 항상 알고 있었어요. 준비됐나요? 숨을 내쉬세요.

아마존매너티는 손톱이 없습니다. 이빨은 식물을 먹어야 하기에 둥그런 모양이죠. 이빨은 돌아가면서 저절로 교체됩니다. 그녀의 유일한 보호처는 집입니다. 아마존강 유역의 어두운 민물, 범람할 때의 숲입니다. 대부분의 사람은 그녀가 자유로울 때 무엇을 하는지 모릅니다. 그녀의 행복에 가장 큰 영향을 미치는 건 무엇일까요? 물입니다. 물의 수위. 물이 흐르는 곳. 물이 집이죠.

아마존매너티는 아마존에 살고 있습니다. 집으로 삼기에는 안전하지 않습니다. 그녀의 서식지뿐 아니라 아마존 지역의 모든 동식물이 사는 서식지는 끊임없이 위협받고 있습니다. 상업적 이해관계 때문에 너무나 많은 부분이 벌목되거나 불태워졌습니다. 2019년, 대규모의 산불이 아마존을 휩쓸었지만 그에 대한 대응은 느리고 완고했습니다. 보우소나루* 같은 거짓말을 일삼는 정치인들은 화재의 원인으로 환경운동가들을 지목했으며 대응을 질질 끌었습니다. 당신이 불을 끌 때 사용한 물은 아마존매너티가 사는 물이었어요. 물 수위가 낮아지는 8월 내내 화재가 이어졌죠.

상업적인 이유로 집을 희생당하는 아마존매너티의 역사를 생각해 보세요. 그녀가 머물 공간만 줄어든 게 아닙니다. 그들은 그녀의 몸을 사냥합니다. 그녀의 평화도

---

*   Jair Bolsonaro. 극우 성향의 브라질 38대 대통령.

앗아가고요. 과거(1935~54) 그녀의 살과 가죽은 브라질의 주요 수출 품목이었습니다. 이 때문에 한때 대가족을 이루던 매너티의 가족 규모가 작아졌습니다. 보고서에 따르면 아마존매너티의 서식지 전체가 '보호되고' 있음에도 여전히 군대에 고기를 제공한다는 명목으로 사냥당하고 있습니다. 지구의 허파, 아마존을 보호하지 않는 바로 그 군대입니다. 기업의 지역 환경 파괴와 주민 착취에 반대하는 활동가들, 특히 흑인과 선주민 활동가, 미래를 전망하는 이들이 암살당하는 와중에도 기껏해야 방관을 최선의 태도로 삼는 바로 그 군대. 그러니 아마존 지역은 집으로 삼을 만한 안전한 곳이 아니죠.

아마존매너티는 그동안 무엇을 배웠을까요? 그녀는 세계에서 가장 사회성이 뛰어난 매너티라고 합니다. 엄마와 아이 사이의 유대가 있을 뿐 아니라 약 열 마리로 구성된 가족 단위로 여행하고 예전에는 더 큰 무리를 구성했다고 합니다.

그들은 낮밤을 가리지 않고 그저 물에 대해서, 물이 어디에 있는지, 그곳에 물이 얼마나 있는지, 무엇을 기르고 있는지, 무엇이 자라는지를 공부한다고 해요. 건기에는 매너티에게 비축분이 있다고 합니다. 지방은 승리 전략입니다. 그녀는 먹지 않고 200일을 갈 수 있습니다. 떠다니며 겨울잠을 자지요. 그녀는 물을 기다리는 법을 배웠습니다. 그녀는 우리가 숨쉬기의 조건을 기억하는 데 걸리는 시간을 기다려 줄 준비가 되어 있을지도 모릅니다. 그녀는 우리가 아이들을 팔아 치우는 걸 멈출 때까지 기다릴 수 있을까요? 우리가 폐에서 공기를 팔아 치우지 않을 때까지 기다릴 수 있을까요? 집에 머무는 법을 배울 때까지 기다릴 수 있을까요?

잘 모르겠습니다. 내가 아는 건 물입니다. 내가 당신을 생각할 때 어떻게 물이 수면까지 떠오르는지를 알아요. 내가 물을 알게 될 때 그것이 나를 어떻게 범람시키는지 알아요. 물과 물의 의미, 그리고 물이 무엇을 할 수 있으며 우리가 얼마나 물을 필요로 하는지를 압니다. 우리가 성장하도록 요청받는 불타는 세계에서 말이에요.

어떤 각도에서 보면 나를 돌로 착각할 수도 있습니다. 나는 엄니가 있지만 내가 보여 주기 전까지 당신은 보지 못할 거예요. 그게 나였어요. 해초를 베어 내고 수중 도시로 가는 지도에 미스터리 서클을 남겼죠. 당신이 탐욕으로 내 낮을 방해했을 때 나는 바뀌었어요. 야행성으로요. 느리지만 꾸준히 움직이며 1,600킬로미터를 이동합니다. 가끔은 숨 쉬기 위해 꼬리로 일어섭니다. 아직 나를 알고 있나요? 과학자들은 가끔 우리가 수백씩 모이는 이유를 모른다고 합니다. 나는 말하지 않을 거예요.

고래 꼬리와 매너티의 몸을 가진 듀공은 멸종된 하이드로다말리스 기가스*Hydrodamalis gigas*의 가장 가까운 생존 친척입니다. 동아프리카, 아시아, 호주 연안에 서식하는 인도양과 태평양의 유일한 바다소목sirenia, 인어의 원형에 속하는 듀공은 이제 모험관광의 스타가 되었습니다. 일부 지역에서는 지정성별여성 듀공이 지정성별남성 무리를 끌어들인다고 합니다. 어떤 지역에서는 지정성별남성 듀공이 지정성별여성 듀공을 유혹하기 위해 자신을 과시한다고 하고요. 과학자들이 분류하거나 관찰하는 법을 배우지 못한 모든 매력을 누가 알고 있을까요? 생식이나 영양적 기능을 하지 않는 것처럼 보이는 큰 무리들은요? 어쩌면 매력은 당신의 생각과 다를 수 있습니다. 어쩌면 우리가 어디에 있는지가 중요할 수도 있습니다. 어쩌면 우리가 무엇을 원하는지 모를 수도 있습니다.

어떤 각도에서 보면 얕은 곳에서 흔들림 없이 숨 쉬는 돌로 착각할 수 있습니다. 그들은 바다의 암소, 바다의 낙타라고도 하죠. 무엇을 배울 건가요? 인내와 꾸준함, 언제 일어서야 하는지, 상황이 변했을 때 삶을 재배치하는 법요? 그건 유용할 거예요.

나는 변화하는 당신을 사랑합니다. 천천히 움직이며 지나가는 당신을 사랑해요. 내가 볼 수 없는 당신의 엄니를 사랑합니다. 나는 당신이 당신만의 이유로 당신의 사랑을 사랑하는 방식을 사랑합니다. 때로 당신은 해안을 너무 사랑해 해안선이 되기도 합니다. 바닥에서 아주 꾸준히 움직여 당신에게서 해조류가 피어나기도 하죠. 때로는 당신의 사랑 방식이 시간에 완벽히 들어맞고, 아주 느려도 충분히 빨라요. 그러니 계속 숨을 쉬세요.

18. 휴식

　한 달 내내 서로 껴안고 피부를 벗겨 내는 코끼리물범, 출산 후 더 깊이 잠수해 혼자 있는 시간을 늘리는 고리무늬물범, 수유 기간에 체중의 3분의 1을 내어주고 자기 재생을 위해 떠나는 회색물범처럼 휴식을 위한 시간도 존재합니다. 이 명상에서는 휴식의 긴급성, 재생의 필요성, 휴식이 드러내고 허용하는 깊이를 다룹니다.

　엄마 회색물범은 수유하는 동안 하루에 6킬로그램의 체중이 줄어듭니다. 젖을 떼고 다시 짝짓기 하기 전 3~4주 동안 체중의 83퍼센트를 잃게 된다는 뜻입니다. 지정 성별여성 회색물범의 측정된 최대 체중은 200킬로그램입니다. 6킬로그램는 출생시 무게(13~18킬로그램)의 3분의 1에 해당하지요. 3~4주 사이 아기 물범의 크기는 세 배나 네 배로 늘어납니다.

　그녀는 가끔 식사를 하기 위해 휴식을 취합니다. 식사만 하려고 휴식을 취하지요. 해저로 잠수했다가 다시 올라오는 시간을 포함하면 1~3분 정도 걸립니다.

　이건 일종의 서술형 문제일까요? 이 친밀한 창조에 비례해 지불해야 하는 비용을 생각합니다. 얼마나 드는지 말이에요. 우리가 성장하고 있는 세상에 무엇을 주는지. 그걸 어디에서 주고 어떻게 유지하는지요. 이런 수학 계산에 깜짝 놀라죠.

서술형 문제일 수 있습니다. 나는 "최선을 다하라"는 말을 배웠습니다. 나는 사람들이 지쳐서 죽을 때까지 "지치지 않는다"고 칭찬받은 사례를 계속 들었지요. 그러다 보니 나 자신도 식사를 잊은 적이 있습니다.

계산해 보면 어떨까요? 하루에 6킬로그램. 보충할 시간은 몇 분밖에 없죠. 헌신이 너무 큰 나머지 우리는 거의 존재하지 못합니다. 잠수한 다음 곧 다시 돌아와야 합니다. 지금 내가 얼마나 많은 것을 물 속에 떠내려 보내고 있는지에 대해 명료하게 인식합니다. 내가 결코 가질 수 없는 것을 위해 얼마나 많은 걸 바치고 있는지요. 내 모든 걸 당신께 주었기에 나는 새로워져야 합니다. 나는 내 모든 것이 되어야 합니다. 당신이 새롭게 만들어져야 하기 때문입니다.

때로 회색물범은 그 가느다란 몇 주를 복기하며 바다에서 20일 내내 머물기도 합니다. 그간의 일과 앞으로의 일을 생각하면서요. 내 사랑을 재생 가능한 자원이라고 한다면, 나의 회복은 곧 사랑이라는 뜻일 거예요. 나의 회복은 신성합니다. 나의 회복은 모든 것입니다. 나의 회복은 당신입니다. 사실 당신의 몸 전체가 그것으로 만들어져 있죠. 하지만 누가 그것을 계산할까요?

출산 후 고리무늬물범은 평소보다 열 배 더 깊은 곳으로 잠수합니다. 그곳에서 평소의 두 배 혹은 여섯 배나 오래 머물기도 합니다. 무엇을 하는지는 아무도 모릅니다. 어떤 연구자들은 고리무늬물범이 쉬고 있을지도 모른다고 합니다. 왜 아닐까요? 북극곰과 인간에게서 가족을 안전하게 지키기 위해 얼음 밑에 방이 여러 개 있는 집을 지어 출산을 준비했어요. 그래서 생명이 태어날 수 있었던 겁니다. 왜 안 될까요? 내가 아는 건 사냥당하는 여성 창조자의 깊이는 얕은 개념으로는 알 수 없다는 거예요. 우리가 만든 것들을 되돌아볼 여유가 필요하죠.

아무도 보지 못하는 세계를 만드는 당신에게 사랑을 전합니다. 우리의 시야 너머의 삶을 만드는 이들에게 사랑을 전합니다. 사랑이요. 당신을 사랑하기 위해선 가장 깊은 곳으로 잠수해야 해요. 사적인 작업을 위해 당신에게 필요한 모든 깊이에 감사합니다.

미우렁^{miouroung} 또는 남방코끼리물범은 한 달 내내 서로 껴안고 있습니다. 이미 짝짓기 시기가 끝난 뒤죠. 친척이나 친구들과 포옹만 하는 플라토닉한 한 달입니다. 이들은 해변에서 서로에게 몸을 꼭 붙이고 대부분 낮잠을 잡니다. 이들이 한 달 내내 하는 일의 전부죠. 사냥도 짝짓기도 영역 다툼도 없이 마치 전일제 직업처럼 서로 껴안고 있습니다. 이 기간에 그들은 피부를 벗겨 냅니다.

은빛으로 새로 태어납니다. 한 달 후에는 하나둘씩 떠나고 600미터 아래에서 대부분의 시간을 먹이를 먹으며 보내겠지만, 지금 우리가 해야 할 건 우리가 누구였는지 잊는 일입니다.

　나 또한 내가 벗겨 내야 할, 내 안에 겹겹이 쌓인 층이 있습니다. 휴식만이 내가 새로워질 수 있는 유일한 길입니다. 여름 한 달 동안 나는 집에 있을 예정이에요. 무지갯빛의 약하고 오래된, 그리고 새로운 존재가 될 거예요.

　당신은요?

　친밀함의 다양한 형식들이 내 피부가 아니라는 걸, 결코 내 갑옷이 아니었음을 가르쳐 주어 고마워요. 방해받지 않고 광활하게 펼쳐진 휴식의 신성함이 당신에게 있길 바랍니다. 모든 것 아래에서 드러나는 당신의 일부를 사랑합니다. 무엇이든 내려놓을 수 있을 만큼 충분히 오랫동안 쉬길 바라요. 내가 당신 곁에서 피부를 대고 있는 이유는 당신이 혼자라 느낄 때도 내가 당신과 함께 있음을 알려 주기 위해서입니다. 당신이 다시 잠수하기 전에, 당신의 새로운 은빛을 보려고요.

19. 축복 보살피기

흑인 페미니스트 작가이자 (쾌락 행동주의 선조인!) 토니 케이드 밤바라[Toni Cade Bambara]는 이메일에 자기 이니셜 이기도 한 TCB[Take Care of your Blessings], "당신의 축복을 잘 보살피세요"라는 서명을 하곤 했습니다. 이번 명상에서는 해양 포유류가 보여 주는 혁명적인 육아 및 공동체 돌봄 실천을 살펴봅니다. 착상 지연을 통해 원하는 출산 시기와 장소를 정할 수 있는 노래하는 물범이나, 자기 몸을 뗏목 삼아 아이를 키우는 바다수달을 떠올려 보세요. 부모와 자식 간 유대감을 보호하기 위해 스스로 조직하는 게잡이물범, 과학자들이 '새끼보호행동'이라 부르는 출생 관계나 종을 넘어 서로를 입양하는 행동을 하는 해양 포유류에 주목하세요. 여기서 핵심 질문은 세대와 국경, 그밖의 장벽과 관계없이 어떻게 하면 서로를 가장 잘 돌볼 수 있을까 하는 것입니다. 또는 오드리 로드[Audre Lorde]의 말처럼 "우리는 매우 강해져야 하고/서로를 사랑해야 합니다/살아가기 위해서요"[48]

바다수달*Lutra felina*은 거친 파도가 치는 바위가 많은 해안가에서 살아갑니다. 그녀는 비밀을 간직합니다. 자신이 얼마나 오래 살지, 밤에 무엇을 하는지요. 그녀는 당신이 자기 아이들을 재 보는 걸 허락하지 않습니다. 나는 그녀가 바다의 고양이답게 영리하다고 생각해요. 안내서에는 그녀가 비밀이 많다고 나오지만, 바위들이 매우 날카롭고 파도가 해안선을 때리는 그녀가 사는 곳에 가는 게 그저 두려운 건 아닌지 의문스럽죠.

그녀가 가끔 높은 소리로 비명을 지른다고도 말하죠. 보통 머리를 물 밖으로 거의 내밀지 않은 채 헤엄친다고 합니다.

때로 그녀는 등을 바닥에 대고 누워 자기 몸을 뗏목 삼아 아이들, 대개 둘 혹은 셋, 때로는 넷을 태웁니다. 그녀는 바위 사이사이의 험난한 공간에서 살아갑니다. 미래에 등을 돌리고 얼굴은 아이들에게로 향합니다. 그녀는 비밀을 지키는 게 현명한 처사라 생각합니다. 고된 곳에 사는 이의 가슴에는 소중한 짐이 있습니다. 당신이 수염과 발톱으로 "그곳에 가지 마세요"라고 말한다면 그 말은 존중받아야 합니다.

당신의 손톱과 비밀, 이빨과 기술, 털의 무게, 부유와 도약에 내 사랑을 바칩니다. 파도가 당신을 부수지 않았다는 게 믿기지 않아요. 당신의 비명은 경전이자 벽입니다. 지도입니다. 내가 느낄 수 있는 가슴속에 보물을 두도록 가르쳤습니다. 그것들을 계속 주시하라고 가르치지요. 내 몸은 좌현과 우현의 균형을 맞춘 배입니다. 배를 띄운 후 내 얼굴은 선미 쪽을 향합니다. 나의 비명도 사랑만큼이나 신성한 경전입니다. 나의 선택입니다.

노래하는 물범, 로스물범 *Ommatophoca rossii*을 노래하세요. 그녀의 몸과 서식지를 식민지로 삼은 해양 탐험가의 이름(로스[Ross]. 불공정한 합의로 붙은 이름이죠)을 딴 바다에서 살고 있죠.

그녀의 모습을 노래하세요. 벌린 입 또는 이빨 사이, 또는 그녀의 자라나는 가슴, 확장되는 목구멍으로 아직 노래하는 그녀. 그녀는 자기 몸을 S자 모양으로 만듭니다. 마치 그래요[yes]처럼, 뱀처럼, 사이렌의 노래처럼. 날카로운 이빨과 커다란 눈을 가진, 가장 작고 희귀한 물범은 얼어붙은 공기를 유혹할 만큼 현명합니다.

노래하는 물범이 위협받으면 당신이 돌아설 때까지 목구멍 안에서 혀를 떠는 소리, 칙칙폭폭 소리, 문을 잠그는 소리, 비트박스 소리를 낸다고 합니다. 하지만 그들이 말할 수 없다고 주장하는 이들도 있죠. 그녀가 입을 벌리고 목을 구부릴 때, 그것은 공격의 자세일까요, 아니면 복종의 자세일까요? 싸우자는 뜻일까요, 아니면 우정의 표시일까요? 누가 말할 수 있을까요? 노래하는 물범은 잘 발견되지 않고 주로 혼자 지냅니다. 그들이 어떻게 짝짓기를 하는지 알아내는 데 오랜 시간이 걸렸습니다. 다른 물범처럼 그녀는 임신을 비밀로 간직하고 적절한 장소와 시간, 얼음을 찾을 때까지 착상을 지연시킵니다. 따라서 임신 기간은 9개월이지만 수정이 아닌 착상 때부터 9개월입니다. 아무도 없을 때 그녀 몸속 깊은 곳에서 어떤 일이 일어납니다. 준비가 되었을 때 그녀만 아는 일이 일어납니다. 그전에는 일어나지 않습니다.

나도 마찬가지입니다. 가끔은 내가 노래하는지 비명을 지르는지 구분하기 어려울 수 있습니다. 어쩌면 당신은 내가 머물고 싶은지 혹은 떠나고 싶어 하는지 모를 수도 있습니다. 혼자만의 시간에는 나의 비밀을 깊은 곳에 간직하고 큰 눈을 사용해 당신이 볼 수 없을 정도로 깊이 잠수할지도 모릅니다. 그러니 그러지 마세요. 나를 보지 말아요. 유빙 위에 살면서 바다 밑바닥에 있는 오징어를 먹는 건 정말 대단한 일이죠. 그러고는 차가운 공기 위로 올라와 노래하는 것도요. 필요한 무언가가 있지만 나는 그것을 찾기 위해 아주 깊은 곳으로 들어가야 합니다. 주어야 할 게 있지만 내 시간일 때 주어야 하죠. 당신에게 할 말이 있지만 먼저 나를 위한 언어와 목적으로 인해 나 자신을 도둑맞지 않는, 내가 사는 곳을 먼저 만들어야 합니다. 기다려 줄 건가요? 당신에게 할 말이 있으니 내 입을 열게 해 줘요. 내가 노래하는지 봐요.

남극털가죽물개라는 이름으로 사냥당한 남극물개 *Arctocephalus gazella*는 대부분의 시간을 홀로 보냅니다. 그녀는 이미 세상의 종말을 겪었습니다. 남극물개의 종은 털가죽 때문에 수백만 마리가 학살당했지만 몇몇 선조들이 버드아일랜드에 남아 번식했고 현재의 개체 수를 유지하게 되었습니다. 그녀는 무엇을 알고 있나요? 그녀는 대부분 바다에 있다가 아이를 낳기 위해서 친족들과 함께 자신이 태어난 육지로 돌아옵니다. 수유 중에도 먹이를 찾기 위해 2주 동안 아이를 두고 떠났다가 다시 돌아와 며칠 동안 먹이를 주고 다시 떠납니다. 아이가 헤엄쳐 바다에 나올 수 있을 때까지 또 돌아옵니다. 그녀는 엄마 역할을 하기 위해 의무적으로 멀리 나가서 스스로를 다시 만들어 냅니다.

시학에 관심 있나요? 과학자들은 남극물개의 방식을 '소득 번식income breeding'이라 부릅니다. 다른 물범들이 이미 축적하고 저장해 둔 것을 먹이는 '자본 번식capital breeding'과 달리 수유할 수 있을 만큼 충분한 양의 먹이를 찾아 먹어야 한다는 의미입니다. 영국 남극 조사단은 초단파 태그를 이용해 물범의 부재를 측정합니다. 그녀가 육지에 있을 때는 센서가 작동합니다. 그들은 그녀를 듣습니다. 하지만 그녀가 바다에 나가면 그들은 아무것도 들을 수 없습니다. 크릴이 풍부한 해에는 하루 이틀 만에 돌아오기도 하지만 때로는 충분한 소득을 얻기 위해 더 멀리 나가야 합니다. 돌아와서는 모든 걸 내어 줍니다. 그리고 다시 밖으로 나갑니다. 가족에게 이런 면이 있다는 걸 우리는 잘 알고 있습니다.

저는 세계 해양의 날에 이 글을 쓰고 있습니다. 온 세상이 바다입니다. 모든 날은 당신이 간직하고 갈망하는 소금에 속해 있습니다. 바다로 나가 우리가 존재할 희박한 가능성을 되살려 준 섬의 선조들에게 감사합니다. 갈 수 있는 한 멀리 가서 필요한 만큼을 갖고 되돌아온 어머니에게 감사합니다. 당신의 부재를 표와 예리한 각도로 그려 낼 수 있겠지만 감사는 무한히 둥근 모양입니다. 필요에 따라 당신이 스스로를 다시 만들어 내는 모든 때를 위해, 당신의 눈물에 담긴 소금 세계 전체를 위해, 당신이 찾은 것을 내게 주고 내가 성장할 수 있도록 해준 모든 순간을 위해서요. 내가 아는 건 먼 곳이 나를 성장시켰다는 사실입니다. 나는 내 안의 바다와 함께할 수 있습니다. 그리고 그들이 보지 못하는, 추적되지 않는 일을 할 수 있습니다. 당신에게 돌아가기 위해 필요한 일을 할 수 있습니다.

얼음을 사랑하세요. 전쟁 말고요. 어떤 성별을 지정받았든 바다코끼리는 1미터에 달하는 긴 엄니를 가질 수 있습니다. 주류 이론에 따르면 이 엄청난 엄니는 남성들의 지배권을 둘러싼 투쟁에 주로 쓰인다고 합니다. 하지만 저는 확신하지 않습니다. 특히 엄니는 성별 특정적 기관이 아니기 때문입니다. 바다코끼리는 긴 앞니를 이용해 최대 약 2,000킬로그램에 달하는 그들의 몸을 얼음 위로 끌어올리는 기적을 일으키기도 합니다.

엄마 바다코끼리는 엄니를 사용해 그들의 아이를 보호합니다. 북극에 사는 다른 포유류 대부분은 감당하기 어려운 2년 반이라는 긴 시간 동안 아이를 먹이기 위해 엄니를 사용하지요(아기 바다코끼리는 거의 태어나자마자 즉시 물속으로 들어가 먹이 활동을 할 수 있는데도 말입니다). 주목할 점은 바다코끼리가 때때로 엄니를 사용해 연구용 보트를 터뜨리는 경우가 있다는 겁니다. 2019년에는 러시아 해군 함선 한 척을 침몰시켰죠. 그리고 이 좋은 번식 행동을 둘러싼 사생활을 매우 잘 지켜왔습니다.

최근까지도 과학자들은 바다코끼리의 재생산 활동에 관해 거의 알지 못했습니다. 왜 바다코끼리가 재생산 활동이 가능할 만큼 자란 후에도 수년간 번식 행동을 하지 않는지는 아직도 모릅니다. 그들은 태평양바다코끼리가 짝짓기를 위해 파트너를 물속으로 불러들이는 의식을 지켜보았습니다. 아마 그들은 가치 있는 노래를 만들거나 알아들을 수 있을 때까지 기다린 걸지도 모릅니다. 누가 알겠습니까?

과학자들은 수세기에 걸친 바다코끼리의 재생산 활동에 관한 사생활이 지켜진 이유가 엄니에 대한 공포 때문이라고 인정한 적이 없습니다. 그들은 바다코끼리의 얼음 사랑 때문이라고 말하죠. 그들은 "얼음을 사랑하거나 얼음에 의존하는 습성 때문에 과학자들은 상대적으로 바다코끼리의 번식 습성에 대해 적게 알고 있다"라고 말합니다. 지구가 녹아내리면서 연구자들이 바다코끼리의 친밀한 순간을 관찰할 기회가 더 많아지고 있습니다. 물론 바다코끼리가 안전하게 살 수 있는 장소도 더 적어지고 있지요. 지구온난화 시대를 살아가는 다른 사람들과 마찬가지로요. 더운 날에는 바다코끼리가 체온조절을 위해 밝은 분홍색으로 변합니다. 해수면이 상승하면 우리는 무엇을 배울 수 있을까요?

얼음 애호 pagophilic. 녹아내리는 지구에서 얼음을 사랑하기. 자신만의 이유로 얼음을 소중히 여기는 것. 안식처를 제공하는 얼음을 신뢰하는 것. 가족을 파괴하고, 안식처를 말살하려 하며, 사생활과 집을 침해하는 ICE Immigration and Customs Enforcement, 미국이민세관집행국라고도 불리는 일부 사람들과 당신 사이에는 얼음 장벽이 필요하다는 것. 바다코끼리에게서 배울 점이 많습니다. 하지만 우리 자신을 들여다보며 그중 일부를 배울 수도 있습니다.

안식처가 유기적 경계를 존중하는 사랑의 한 형태라면 어떨까요? 친밀감을 위해 필요한 거리를 존중한다면요? 당신만의 시간을 존중하나요, 당신의 성장을요? 나는 당신과 당신의 이빨과 그들이 당신을 데려온 곳, 그들이 들어 올린 것, 당신이 보호한 것, 당신이 피한 것, 당신이 아는 것을 존중하기 때문입니다. 나는 당신이 있는 곳에서 당신을 사랑합니다. 당신이 있어야 할 곳에서 당신을 사랑합니다. 내 사랑은 당신의 문을 부수면서 벽을 쌓지 않습니다. 내 사랑은 인내심이 깊고 두터워요. 노래하고 기다립니다. 압력의 열기로 가득한 온몸이 경보를 울립니다. 우리 혈액이 표면에 있음을 뜻하지요. 문 앞에는 두려움이 있습니다. 지구가 우리의 집을 홍수로 뒤덮는 동안 벌어지는 이빨과 소리와 호흡의 진화입니다.

대부분의 물범이 땅에서 휘청대는 것과 달리 게잡이물범Lobodon carcinophaga은 미끄러지듯 나아갑니다. 게잡이물범(더 정확한 표현은 크릴 먹는 물범)은 수천 킬로미터를 우아하게 이동하며 해발 1킬로미터에서 발견된 적도 있습니다. 다시 말해 그녀는 원하는 곳으로 이동한다는 뜻입니다. 지구상에서 이 물범보다 개체 수가 많은 대형 동물은 인간뿐입니다.

　그녀는 지구에서 가장 복잡하고 진화된 이빨을 가졌습니다. 양쪽 뺨 안쪽에는 고래처럼 크릴을 걸러 원하는 것만 벌컥벌컥 삼킬 수 있게 해 주는 맞물린 모양의 이빨이 있지요. 나도 저렇게 우아할 수 있을까요? 물속에서처럼 육지에서도 잘 헤엄칠 수 있을까요? 내 입이 필요한 부분만 가려낼 수 있다고 믿을 수 있을까요?

　게잡이물범 가족은 서로를 기르고 보호합니다. 아이는 3주의 수유기간 동안 체중이 최대 80킬로그램이나 늘어납니다. 이 모든 생명의 지방 이동이 일어나는 동안 남성(생물학적 아빠는 아닙니다)이 감시자 역할을 합니다. 얼룩무늬물범을 경계하죠. 얼룩무늬물범은 아기 바다표범이 너무 빨라 잡기 어려워지기 전에, 삼키기에 너무 커버리기 전에 잡아먹고 싶어 하기 때문입니다. 연구자들은 엄마 물범을 보호하고 지원하는 이러한 역할이 짝짓기만큼이나 중요할 수 있다고 주장합니다. 이것이 바로 물범을 지구상에서 가장 많은 개체 수를 가지게 된 적응 방식일 수 있다고 말이에요. 우리도 그렇게 부지런할 수 있을까요? 서로를 보호하는 행동이 우리가 가질 수 있는 유일한 미래임을 기억할 수 있을까요? 얼음 위가 아닌, 미국이민세관집행국^{ICE}으로부터 서로를 보호해야 하는 이곳에서요?

게잡이물범은 살아가는 일, 우아하게 움직이며 얼음 위에 무한대 기호를 메시지처럼 쓰는 일에 능숙합니다. 나는 그들이 우리보다 더 오래 살 거라고 생각합니다. 하지만 우리가 필요에 따라 입 모양을 진화시키고 다양한 상황에 맞춰 움직임을 훈련하며 풍요롭게 기르고, 기르는 이들을 보호할 수 있게 된다면 우아함을 키울 수 있을지도 모릅니다. 우아함을 기르기에 아주 늦지는 않았을 거예요.

그렇다면 내가 당신을 사랑한다는 걸 기억하세요. 아직 작동법을 배우고 있는 당신의 입. 육지에서 헤엄치고 물 위를 걷고 싶어 하는 당신의 몸. 나누어 주고 싶어 하는 당신의 깊은 충동. 여러 세대를 먹여 살리는 일을 보호해야 하는 당신의 의무. 그것을 존중하세요. 나는 당신을 존중하기 위해 최선을 다합니다. 당신이 회복력 있는 마법으로 미끄러져 가는 방식. 당신의 풍요로운 불가능의 주문. 당신이 온몸으로 쓰는 우리의 무한한 미래. 숨을 쉬는 당신의 몸이 우리의 미래 이름의 철자를 씁니다.

많은 것들이 남아메리카털가죽물개*의 삶을 위협합니다. 흡혈박쥐는 바위가 많은 해안가에서 검게 태어난 이 물개의 피를 원하고, 바다사자들은 이 물개의 새끼를 갈구하며, 기름 유출로 수천 마리가 죽었고, 지구 온난화로 이미 개체 수가 크게 줄었으며, 1515년부터 인간이 계속해서 상업적으로 사냥해 왔기 때문입니다. 아마 그건 가장 오랫동안 지속된 상업적 물개 포획일 거예요. 게다가 그들은 그물에 걸리기도 하고 경쟁 상대를 줄이려는 상업 어부들에 의해 불법적으로 사냥당하기도 합니다. 다시 말해 그녀가 가족을 잘 부양하는 데 너무 능숙한 나머지 벌 받는 거죠.

내 기분이 썩 좋지 않다는 게 느껴지나요? 길게 자란 귀로 정신없이 듣고 있습니다. 모든 것에 의해 위협받고 있습니다. 불공평하죠. 날씨 때문이 아니라면 오염 때문이죠. 내가 만약 물속에서 바다사자를 피한다 해도 하늘에는 여전히 박쥐가 있죠. 모피가 유행이 아니어야 내가 살 수 있다니 이게 공평한 건가요? 이토록 아름답길 원하진 않았습니다.

가끔은 세상이 나를 반대한다고 느껴질 때가 있어요. 가죽을 벗기고, 익사시키고, 피를 빼앗고, 내 집을 엉망으로 만들죠. 동시에 내가 너무 위협적일 정도로 영리하고 수완이 좋다는 이유로 비난하죠. 내 분노를 어떻게 해야 할지 몰라 그냥 잠수합니다. 아래로. 바닷속 170미

---

* 일반명 남아메리카물개 또는 남미물개(South American fur seal).

터. 7분 정도 물속에 머무르고 난 뒤에는 숨을 쉬어야 합니다. 그 밑바닥에서 나는 그저 사랑받고 싶고, 들리기를 원하며, 음식이나 코트, 또는 당신이 혼란 속에 잃어버린 담보물 그 이상이 되고 싶습니다.

내가 실제로 원하는 것, 즉 매력적이거나 유용한 존재 이상이 되는 법을 익힐 수 있을까요? 왜냐하면 착취의 시대에 아름다움과 유용성, 그리고 기술은 곧 죽음을 의미하기 때문입니다. 나도 당신들에게 소모품이 되고 싶지 않습니다. 나를 잃지 않는 방법이 있을까요?

답은 없습니다.

아마도 나는 판매나 안전보다 더 본능적인 무언가를 키워야 할지도 모릅니다. 내 가치관을 분명히 해야 할 필요가 있을지도 모르죠. 어떤 물개는 아이에게 며칠 동안만 수유하지만, 남아메리카털가죽물개는 1년 내내 수유합니다(이보다 더 오래 수유하는 물개는 인근의 갈라파고스털가죽물개**뿐인데, 이들은 2~3년간 수유하기도 합니다). 먹이를 먹으러 나갔다 돌아와 소리와 냄새, 약속으로 사랑하는 이를 찾습니다. 그녀는 떠날 때마다 바다사자와 흡혈박쥐의 현실을 알게 됩니다. 다음에 그녀가 돌아올 때는 답이 없을 수도 있고, 해변의 냄새가 달라져 있을지도 모릅니다. 사랑에는 그런 위험이 있습니다. 몸을 느끼고, 더 이상 이해되지 않는 세계로 되돌아오기 위해 감각을 훈련할 수도 있습니다. 나를 위협하는

** 일반명 갈라파고스물개(Galaparos fur seal).

세계에서 그렇게 할 수 있을까요? 어차피 빼앗길 것을 온전히 바칠 수 있을까요? 내 마음을 걸 수 있을까요?

그래야만 할 것 같아요. 그렇지 않으면 미끄러운 물과 궂은 날씨, 흡혈귀와 부비트랩(위장 폭탄)만 남겠죠. 나는 내 모든 감각을 차지하는 사랑으로 당신을 사랑합니다. 당신 덕에 귀가 자랐고 귀를 기울입니다. 당신은 내가 냄새 맡을 대상이기에, 나는 숨을 쉽니다.

서인도제도매너티는 움직이는 이빨을 갖고 있는데 입안의 어금니는 사용한 후 교체하는 이동식 이빨입니다. 서인도제도매너티는 서아프리카의 사촌들처럼 손톱이 있습니다. 서인도제도매너티를 비롯한 모든 매너티는 따듯함과 수분, 식물을 찾아 바닷물과 민물 사이를 이동하는 법을 알고 있습니다.

독성 적조로 인한 해조류 번식은 서인도제도매너티에게는 자연적인 위협입니다. 알고 있었나요? 예를 들어 폭풍이 몰아친 뒤, 바다의 바닥이 뒤섞인 불안정한 상황에서 독성 유기체가 출현해 확산하는 것이요. 섭취하면 신경계가 마비되어 매우 이상한 행동을 유발할 수 있고 떼죽음에 이를 수도 있습니다. 아. 유감스럽게도 당신은 알고 있습니다. 숨 쉬려 노력하는 당신의 모습, 이 상황이 얼마나 유독하며 전염성이 있는지, 이런 불안정한 조건에서 숨을 쉬는 게 얼마나 안전할지 궁금해합니다.

적조는 자연적으로 발생하는 것 같지만 인간의 산업 공해가 발생 빈도를 높였다고 합니다. 독성 물질이 독성을 키우고 치명성을 증폭시킵니다.

그렇다면 이런 적조와 오염의 세상에서 서인도제도매너티 엄마는 어떻게 해야 할까요? 서인도제도매너티의 82퍼센트가 빠른 기계에 올라탄 인간, 자신에게 그럴 권리가 있다고 생각하는 인간에게 죽임을 당하는 세상에서요. 선박 충돌로 인한 죽음과 단순한 호흡 행위로 인한 죽음이 흔한 일이 된 곳에서요.

때때로 마스크를 쓴 인간에게 위협을 받을 때, 엄마 매너티는 자기 몸을 아이와 위협 사이에 내놓곤 합니다. 맞아요, 그녀가 그래야만 한다면요. 더 흔히는 엄마와 아이가 함께 도망치며 계속 의사소통합니다. 코드 레드*** 상황에서 엄마는 계속 말을 하고, 계속 가르치고, 아이는 계속 '여기 있다'고 응답합니다.

작년에 환경운동가들은 서인도제도매너티가 현 연방정부로부터 가장 심각한 위협을 받는 상위 두 종 중 하나라고 말했습니다. 특히 플로리다와 그 주변의 아종이요. 선박 충돌에 의한 사망, 대규모 적조, 얼마 되지 않는 보호 구역에 대한 규제 완화에 전념하는 행정부 때문에 멸종 위기종 연합은 지금은 매너티가 살기 좋은 시기가 아니라고 말합니다(『마이애미 뉴 타임스Miami New Times』).

하지만 지금이 매너티가 되기에 좋은 시기라 생각합

***　　code red. 심각한 위기 상황에 대한 경고.

니다. 매너티는 우아하고 사랑스럽습니다. 매너티는 '깊은 바닷길을 횡단'할 수 있습니다. 어쩌면 우리에게 횡단하는 법을 가르쳐 줄 수 있을지도 모릅니다. 매너티는 서로를 만지고 씨름하고 물속에서 노는 걸 좋아합니다. 그들은 서로를 보호하고 안전하길 원합니다. 그들은 서로의 말을 듣고 서로의 말이 들리기를 원합니다. 그들은 상처가 너무 빨리 퍼지는 세상에서 천천히 움직이길 원합니다. 그들의 이빨은 채식 노동 후에 이동합니다. 그들의 지느러미발 가장자리에는 둥근 손톱이 있습니다.

당신과 우리를 위해 나는 코드 레드 같은 게 없었으면 합니다. 이 유독한 상황이 터지지 않길, 그렇게 자주, 공개적으로, 예측할 수 없이 누군가를 죽이지 않길 바랍니다. 아니면 오늘, 그리고 많은 날을 숨 쉬기 힘들게 만드는 붉은색을, 정말로 예측할 수 없을까요?

적조에 관한 두 가지 연구 결과가 있습니다.

1. 당신이 적조에 먹이를 줄 수 있습니다. 독성 오염 물질은 자연적으로 발생하는 독소를 키웁니다.

2. 적조가 발생했다면 그건 이미 바닥에 있던 것들이 뒤섞여 올라왔기 때문입니다.

즉 매일 독성 쓰레기를 먹이 삼아 폭력으로 구축된 맥락이 표면으로 피어나는 모습입니다. 이것이 바로 대량 학살과 뿌리 깊은 유혈 사태, 피에 젖은 농장, 인종주의적 지역 차별, 성매매 범죄화 이후의 모습입니다.

밀물과 썰물이 암호로 말하는 것을 멈춘다면, 그것은 코드 레드입니다.

모든 비상 상황에서도 의사소통하고, 아이들을 보호하기 위해 자기 몸을 배치하고, 서로를 만지며 기억하고 파악하는 매너티처럼 우리는 더 많이 소통할 수 있을까요? 연구자들은 매너티가 음성·촉각·미각·호흡 조율·함께 취하는 휴식을 통해 의사소통한다고 말합니다. 서로의 소리를 듣고 서로를 보호하고 안전하게 함께 놀고 만지며, 서로에게 아낌없이 영양분을 줄 수 있는 세상을 우리가 얼마나 오랫동안 원해 왔는지 나는 느낄 수 있습니다. 우리가 민물과 바닷물을 가로질러 이동하고, 깊은 바다 통로를 가로지르며, 숨 쉬기 힘든 이곳을 통과해야 할 때 움직이십시오.

내 머리, 내 뼈, 당신의 뼈가 우리의 부름과 응답의 메시지를 확장하면서 지혜로운 어금니의 움직임을 느낄 수 있습니다. 내 몸을 두는 곳과 손톱을 둥글게 다듬는 방법, 내가 말한 모든 것과 함께 당신을 사랑합니다. 당신을 사랑하기에 내 피를 해독하고 내 채소를 먹습니다. 내 안의 위험을 직시할 만큼 사랑합니다. 당신의 긴급하고 중대한 부름에 응답할 만큼 당신을 사랑합니다. 당신이 내가 말하는 바를 정확히 들을 수 있도록 해독했습니다. 사랑합니다. 여기에 있습니다. 나와 함께요. 나는 당신을 들어요. 사랑합니다. 여기에 있습니다. 나와 함께 머무르세요. 잘 지내세요.

2016년, 잡지 『네이처^{Nature}』의 한 계열인 『사이언티픽 리포트$^{Scientific\ Reports}$』에서 자신의 아이가 아닌 다른 아이를 돌보는 행위, 위탁 양육, 입양 등 '새끼보호행동'이라 부르는 인도태평양돌고래의 행위에 관한 연구 결과를 발표했습니다.[49] 드문 일이 아닙니다. 연구자들이 지적했듯 '모든 주요 포유류'에서 혈육 관계가 아닌 어미에 의한 양육이 일어납니다. 그만큼 중요한 일이지요. 그들이 연구한 엄마 돌고래는 입양한 아이에게 젖을 먹였습니다. 친모가 죽은 뒤의 일이었지요. 연구자들은 포유류가 '이렇게 비용이 많이 드는 행동'을 왜 하는지 궁금해합니다. '동물이 왜 이런 방식으로 자원을 투자하는지는 불분명하다'는 것이 연구자들의 설명입니다.

당신에게도 불분명해 보이나요?

여기 있는 사람 중 유전적, 사회적으로 동떨어진 누군가로부터 필요한 때에 양육을 받아 본 적 없는 사람이 있나요? 무언가를 나누고 누군가를 가르치고 누군가의 여정의 아주 작은 부분을 위해서, 그들의 좋은 삶을 위해 책임을 나눠서 진 적이 있다면, 그 '비용이 드는 행동'을 통해 무엇을 얻었는지를 어떻게 측정할 수 있을까요? 우리는 그것을 사랑이라 부릅니다.

소위 대인관계는 종간 관계만큼이나 정치적입니다. 1979년 제3세계 레즈비언 및 게이 콘퍼런스에서 오드리 로드는 기조연설을 통해 '우리 아이들'에 대해 말했습니다. 콘퍼런스에 모인 제3세계 레즈비언 간부들은 "모든 제3세계 레즈비언은 유색인종 레즈비언의 아이들을 돌보고 양육할 책임이 있다"라는 성명 내용을 통해 이를 더욱 명확히 했습니다. 같은 시기 브루클린의 시스터후드 오브 블랙 싱글 마더스^{Sisterhood of Black Single Mothers}는 그들이 '어머니다운' 가족 체계라 부르는 개념을 장려하고 축복했습니다. 유색인종 페미니스트, 일본 연안의 돌고래뿐 아니라 많은 포유류들이 우리가 '혁명적 보살핌^{revolutionary} ^{mothering}'이라 부르는 행동의 모델이 되어 주고 있습니다.

당신을 봅니다. 당신의 동물적 투자를 축복합니다. 당신의 예리한 적응력. 믿음의 헌신. 순간, 몇 달, 평생에 걸친 당신의 보살핌. 그것이 어떻게 돌아올지 당신은 모릅니다. 여러분은 그보다 훨씬 더 잘 알고 있습니다. 당신은 단순히 우리가 존재하기를 원합니다. 사랑은 생명력입니다. (고마워요, 준 조던^{June Jordan}!) [50]

과분할 정도로 사랑을 주어서 고맙습니다. 이 모든 경이로움에 기꺼이 많은 시간을 '낭비'해 주어서 고맙습니다. 내 안의 야생적인 것을 깨우고, 기꺼이 보살핌을 위해 노력하게 만드는 이들에게도요. 그들은 그 선물이 얼마나 위대한지, 얼마나 깊은지, 당신들이 나를 얼마나 포유류답게 만드는지 결코 알지 못할 거예요.

고맙습니다.

20. 활동

혼자 해 보세요.

듣기

이 명상 중 하나 이상을 자신의 목소리로 녹음하세요. 그리고 하루 중 다른 시간에 이 구절을 읽는 자신의 목소리나 수어로 표현하는 자신의 동영상을 재생해 보세요. 어떤 점을 느꼈나요? 아침에 처음 녹음하거나 녹화할 때, 잠자리에 들기 전, 한낮에 다시 듣거나 볼 때 어떤 차이를 느꼈나요?

숨쉬기

자신의 호흡을 추적해 보세요. 호흡과의 깊은 친밀성은 모든 해양 포유류에게 필수입니다. 이 구절들을 호흡의 척도로 삼아 보세요. 소리 내어 읽으면서 한 번의 숨쉬기로 얼마나 멀리 갈 수 있는지 확인해 보세요. 하루 중 다른 시간대에도 시도해 보고 시간대나 구절의 내용에 따라 호흡에 차이가 있는지 알아보세요.

기억하기

만트라를 하나 선택하세요. 이 글에는 당신이 이 여정에서 기억해야 할 짧은 구절이나 문장이 포함되어 있을 수 있습니다. 하나부터 시작하세요. 그 문장을 만트라로 외우고 명상할 때 자신에게 반복해서 말하세요. 처음에는 한 번에 최소 10회 이상 말하는 것으로 시작하세요. 하루에 한 번씩 말하거나 집이나 직장에서 잘 보이는 곳에 써 놓는 활동으로 확장할 수 있습니다. 다른 만트라를 골라야 할 시기를 알아차리세요.

연습하기

명상 내용 중 하나를 매일 실천할 수 있는 활동으로 바꿔 보세요. 예를 들어 "기억하기" 활동의 만트라를 매일 아침 해가 뜰 때 한 번에 88번 외우며 명상하는 겁니다. 물론 다른 활동도 좋습니다.

협력하기

브레인스토밍하기. 여러분이 생각하는 여러분의 무리는 누구인가요? 미아 밍구스[Mia Mingus]와 베이 지역 변혁적 정의 모임[Bay Area Transformative Justice Collective]이 만든 이 무리 그리기 활동을 활용해 보세요.*

상황이나 삶의 부분에 따라 여러 개의 무리가 있나

---

* https://batjc.wordpress.com/resources/pods-and-pod-mapping-worksheet/ (최종 접속일: 2024. 6. 23.)

요? 필요한 만큼의 목록을 만드세요. 여러분의 목록에 있는 사람들 중 일부와 함께 이 활동의 단체 버전을 시도해 볼 수도 있습니다. #podlife

취약해지기

우리는 성장 영역에서 가장 취약해질 때가 많습니다. 이 책의 모든 활동 중에서 지금 여러분에게 성장이 필요한 영역은 무엇입니까? (털 존중하기? 자본주의 끝내기? 휴식?) 그 성장 영역과 관련하여 여러분에게 용기 있는 행동이란 무엇인가요? 보통은 혼자서 해결해 왔다면, 이건 도움 요청으로 보일 수 있습니다. 스스로에게 자비로우며 자신의 감정을 위한 공간을 마련하는 모습일 수 있습니다. 자신의 감정을 알아차리세요. 내 몸, 관계, 일, 성장이 일어나고 있는 곳이 어디인지 생각해 보세요.

존재하기

변화무쌍한 상황에서 존재하는 것은 연습이 필요합니다. 해양 포유류는 끊임없이 움직이는 물속에 살며, 물이 움직이면 그들도/우리도 움직입니다. 그래서 나는 당신에게 다음과 같은 명상 연습을 제안합니다.

이 책에 나오는 해양 포유류 중 하나를 고르고 녹음된 그들의 소리를 듣거나 영상을 보세요. 적어도 5분이 넘는 것으로요(아마 가장 찾기 쉬운 건 혹등고래 소리일 거예요). 해양 포유류 소리를 듣는 동안 호흡을 쉽니다.

들숨 하나와 날숨 하나가 한 번의 호흡입니다. 세어 보세요. 세다가 놓치면 다시 1부터 시작하세요. 무엇을 알아차리게 되었는지 되돌아보세요.

맹렬해지기

이 책에 나오는 어느 한 가지 이상의 거부를 항의 피켓이나 그래픽 티셔츠에 넣을 수 있습니다. 한 번 만들어 보세요.

갈등의 교훈

현재 갈등을 겪고 있는 누군가에게 이 책의 한 구절을 건네 보세요. 구절을 보내는 게 불가능하거나 도움이 되지 않을 것 같다면, 그들을 염두에 두고 혼자 그 구절을 공부해 보세요. 이 구절이 갈등에 대해 어떤 가르침을 주나요? 그것이 여러분이 헤쳐 나가고 있는 상황을 어떻게 반영하고 있나요? 화자, 해양 포유류, 어업 종사자, 과학자 등 글에 나오는 다른 인물들의 관점을 취해 보세요. 이렇게 3일 동안 작업해 보세요. 무엇을 배웠나요?

경계 존중하기

인용구를 골라 적어도 하루 동안 발신 전화 메시지나 자동 응답 이메일로 사용해 보세요. 그 인용구에게 당신에 대한 설명을 맡겨 보세요.

털 존중하기

머리, 얼굴 또는 몸에 있는 털 한 가닥과 접촉하세요. 거울이나 손을 사용해서요. 호흡하며 그 한 가닥과 연결된 채로 있어 보세요. 그 주변의 다른 털과의 관계 속에서 그 한 가닥을 알아차려 보세요. 바다코끼리처럼 그 털에게 무엇을 알고 있는지 물어보세요. 그 털의 관점에서 자신에게 편지를 써 보세요. 주의 깊게 들어 보세요.

자본주의 끝내기

우리는 한 번에 하나의 관계를 변화시킴으로써 자본주의를 종식할 수 있습니다. 이 책에 언급된 해양 포유류와 관련된 경제 체제의 한 측면을 골라 최소 30일 동안 그것과의 관계를 바꿔 보세요. 예를 들어 나는 바다에서 직접 채취된 것은 먹지 않기로 결심했습니다. 여러분이 관계를 바꿀 수 있는 상품 중 어선을 통해 채취된 게 있나요? 기름과의 관계는 어떤가요? 관광업과는요? 최소 30일 동안 하나의 관계를 바꿔 보고 상호연결성, 공모, 가능성, 그리고 자유에 대해 무엇을 배울 수 있었는지 살펴보세요.

거부하기

이 책의 '거부하기' 명상 또는 책 전체에 등장하는 해양 포유류 중 하나에서 영감을 얻어, 이번 주에 "아니오"라고 말할 수 있는 삶의 영역을 선택해 보세요.

항복하기

가능하다면 바닷물에 들어가 3분 동안 등을 대고 떠 있어 보세요. 그러기 어렵다면 여기 나열된 활동 중 '책에서 한 구절을 고른다'라는 요청이 있을 때, 무작위로 책을 펼친 다음 그곳에 나온 구절을 사용해 보세요.

깊이 들어가기

책에서 한 구절을 골라 더 자세히 조사해 보세요. 책에서 언급된 해양 포유류와 역사적, 구조적 맥락에 대해 깊이 파고들어 보세요. 그런 다음 자신에게 '이 구절이 내 삶의 이야기와 어떻게 연결되지?'라고 물어보세요. 이 구절과 가장 관련 있는 삶의 부분은 어디입니까? 그 부분에 관한 안내서 항목을 써 보세요. (예: 나의 일 중독, 학교와의 관계, 원한에 찬 지나친 관대함, 그림 그리는 재능) 다른 사람들은 그것을 어떻게 알아차릴 수 있을까요? 보통 어디서 발견되나요? 처음 태어났을 때 어떤 모습이었나요? 무엇이 그것에게 먹이를 주나요? 무엇이 그것을 위협하나요?

검정으로 있기

흑인으로 살아가고 있다면, 잘하고 있습니다! 이미 많은 걸 해 왔어요. 이 책에서, 특히 '검정으로 있기' 부분에서 당신을 긍정하는 구절을 골라 자신에게 노래로 불러 주고, 투스텝 춤을 추고, 그 구절을 읽으며 로션을 바르세요. 당신이 당신의 모습으로 있어 주어 고맙습니다.

비흑인으로 살아가고 있다면, 자기 안에 있는 알 수 없는 것을 깊이 생각해 보세요. 반(反)흑인적 세계에서 비흑인으로 살아가며 배운 것 중 하나를 선택한 뒤 그것을 잊어버리기로 결심하세요. 다양한 흑인 문화 관행에서 비롯된 '검정으로 있기' 명상의 참고 문헌의 의미와 맥락을 인터넷에서 찾아 보세요. 존경을 담은 마음으로 배워 보세요.

속도 늦추기

이번 주에 한 가지를 취소해 보세요. 딱 한 가지만요. 그 시간에 범고래의 실시간 먹이 활동을 보며 범고래가 언제 나타날 지 지켜보세요.[51] 아니면 잠들어서 범고래가 여러분을 지켜보게 해 보세요.

휴식

이 책을 들고 침대로 가세요. 아무 페이지나 펴고 그 구절을 반복해서 읽다가 잠들어 보세요. 꿈을 꾼다면 그 꿈을 적어 보세요. 그리고 다시 그 구절을 읽어 보세요.

축복 보살피기

지금 당신에게 가장 소중한 사랑, 관계의 목록을 만들어 보세요. 이 책에 나오는 해양 포유류가 보여 주는 돌봄의 형태를 그 소중한 이들 각자에게 어떤 식으로 적용할 수 있을지 궁리해 보세요. 예를 들어 껴안기, 낮은 주파수로 소통하기, 물리적 공간 만들기, 보호하기, 함께 여행하기 등입니다. 적어도 세 가지 이상의 돌봄 형태를 약속하거나 다시 다짐하고, 가능한 방식으로 그 사랑하는 이들에게 여러분의 다짐을 전달하세요.

친구 1~3명 또는 여러분의 조직, 직장, 이웃, 가족과 함께 해 보세요.

듣기

듣는 연습을 해 보세요. 각자 『떠오르는 숨』의 해양 포유류 명상 중 하나를 골라 다른 사람의 전화에 음성 메시지를 보내거나 음성 메모를 남깁니다. 단어 너머에서 어떤 소리가 들리나요? 깨달은 점을 서로에게 말해 주세요. 직접 모였다면 원을 만들어 돌아가며 다른 사람이 읽는 구절을 듣습니다.

여러분의 무리가 듣는 방식에 따라 적절히 변형할 수 있습니다. 촉수어[tactile sign language], 수어 영상, 두드리기, 눈 또는 손으로 화자의 입술 움직임 읽기 등의 방법으로 공유할 수 있습니다.

숨쉬기

그룹으로 모여 화상 또는 음성 회의에서 함께 호흡해 보세요. 각자 자신의 호흡 속도에 맞춰 호흡에 주의를 기울이면서 모두의 호흡 소리를 들어 보세요. 여러분 무리만의 특별한 교향곡이 있는지 알아차리세요. 그것에 대해 이야기해 보세요. 주목할 만한 리듬이나 규칙이 있나요? 함께 호흡을 맞춰 보세요. 들숨과 날숨을 함께 조율할 수 있는지, 그렇게 하기 어려운지 살펴보세요. 호흡을 같이하는 것이 어렵거나 쉬웠는지, 놀라웠는지, 어색했는지, 함께 공명하는 것 같았는지 알아차려 보세요.

기억하기

이 책에서 여러분 중 한 명 이상에게 와 닿은 짧은 구절을 골라 공동의 만트라로 정하세요. 각자 다른 구절이 마음에 들었다면 그것들을 짧게 합쳐 하나의 만트라로 만들 수도 있지만 모두가 기억할 수 있을 만큼 짧아야 합니다. 함께 만트라를 외우거나 회의나 모임을 그 만트라로 시작할 수도 있습니다. 지나가다 서로를 볼 때 이 만트라를 말해 보세요. 즐겨 보세요.

연습하기

연습을 연습하세요. 혼자서 이 활동을 하고 있고 매일 실천할 영역을 선택했다면, 책임감 있는 친구를 찾아 그 실천이 어떻게 진행되고 있는지, 어떤 점이 떠오르는지, 어떤 이점이 있는지, 실천을 지속하는 데 어떤 장애물이 있는지 함께 확인해 볼 수 있습니다.

또는 한 명 이상의 사람들과 개별 또는 집단적인 정기적(주간, 월간, 일간, 분기별) 실천 연습을 만들어 볼 수도 있습니다. 서로에게 약속에 대한 책임을 독려하고, 무엇이 생기는지, 서로를 어떻게 더 잘 지원할 수 있을지 알아보세요.

협력하기

이 활동들을 함께하는 것 자체가 협력의 행위입니다. 한 단계 더 나아가 여러분의 무리와 더욱 광범위한 협력을 만들어 보세요. 함께 하고 있는 실천을 더 큰 집단으로 확장하거나, 협력하고 있는 일을 문서화하고 공유하는 활동이 될 수도 있습니다. 또는 각자에게 이 연습의 핵심을 진정으로 구현하기 위해 서로를 어떻게 더 잘 지원할지 숙고해 볼 수 있습니다.

취약해지기

잘 모르는 이들과 함께라면 단순히 친해지기를 넘어서는 기회가 될 수 있고, 감정노동으로 얽혀 있는 사람들과 함께라면 이것은 서로에게 의존적인 행동을 벗어날 기회가 될 수 있습니다.

모임이나 워크숍에서는 제가 가장 좋아하는 활동인 '파트너 하이쿠'나 '파트너 댄스'를 해볼 수 있습니다. 이 활동에서는 둘이 한 팀이 되어 각자의 성장 영역에 관한 이야기를 나눕니다. 당신이 아직 해결하지 못한 영역을 드러내는 것이 바로 취약성입니다. 약 3분 동안 이야기한 후에는 서로 역할을 바꿉니다. 이야기를 나눈 후에는 상대방에게 성찰, 축복, 헌사의 의미를 담아 하이쿠를 써 봅니다. 나는 5-7-5음절의 3줄로 구성된 하이쿠 형식을 좋아하지만 어떤 것이라도 상관없습니다.

존재하기

이 책에서 한 구절을 골라 느리게 함께 말해 보세요. 한 사람이 천천히 읽고 다른 사람이 거의 동시에 그 말을 따라하세요.[52] 어떤 일이 일어나는지 지켜보세요.

맹렬해지기

이 책에 언급된 문제 중 하나와 관련된 직접 행동을 조직해 보세요.

갈등의 교훈

각자 어떤 해양 포유류가 가장 좋은지, 그 이유는 무엇인지에 대해 원칙에 입각한 토론을 벌입니다. 최소 한 시간 동안 토론합니다. 원칙에 입각한 토론이 되기 위해서는 모든 순간 사랑과 존중이 필요하다는 사실을 기억하세요. 사랑, 존중, 의견 불일치를 연습하면서 갈등과의 관계가 어떻게 바뀌는지 알아차리세요.

경계 존중하기

각자 자기를 뒷받침해 주는 삶의 경계 세 가지와 자신을 구속하는 경계 세 가지를 공유합니다. 이 명상의 구절들을 활용하여 서로의 경계를 지지하고 우리를 제약하는 경계를 극복하거나 거기에 반발 혹은 도전하는 방법이 있을지를 토론해 보세요.

털 존중하기

제 털은 만지지 마세요. 이건 혼자만의 활동으로 남겨 둡시다.

자본주의 끝내기

이 명상에서 일주일 동안 '돈'이라는 단어를 대체할 단어를 선택하세요. 서로를 독려합니다. 하루 또는 일주일이 끝나면 어떤 때, 어떤 곳에서 그 실천이 어려웠는지 확인합니다. 왜 어려웠나요?

거부하기

해양 포유류와 우리를 위협하는 경제 체제에서 만들어진 상품을 거부하거나 철회합시다. 이를 널리 알리고 다른 사람들이 동참할 기회를 만들어 보세요.

항복하기

1단계: 이 책의 구절을 바탕으로 서로에게 과제를 내줍니다. 받은 과제를 수락, 거부, 수정할 수 있습니다. 과제를 수락, 거부, 수정할 때 어떤 느낌인지, 그리고 자신의 과제가 수락, 거부, 수정되는 게 어떤 기분인지 다 함께 알아차리고 성찰해 봅니다.

2단계(선택사항): 이 책의 구절을 바탕으로 서로에게 과제를 주고, 모두가 그 과제를 있는 그대로 수락하세요.

깊이 들어가기

파트너와 함께 해 보세요. 여러분이 더 깊이 파고들고 싶은 주제를 하나 고릅니다. 그 주제를 설명합니다. 파트너는 "그 아래에는 무엇이 있나요?"라고 묻습니다. 여러분은 그 주제가 자신에게 어떻게 떠오르는지에 대해 각기 다른 대답을 내놓아 봅니다. 최소 일곱 번 이상 반복합니다. 그런 다음 역할을 바꿉니다.

검정으로 있기

서로를 위해, 또는 다른 흑인들을 위해 이 책에서 영감을 얻어 유형의 선물을 만들어 봅시다.

속도 늦추기

이 책에서 한 구절을 고른 뒤 한 단어씩 돌아가며 함께 읽습니다. 모든 단어를 다 읽을 때까지 원을 돌며 한 사람이 한 단어씩 읽습니다. 무엇을 발견하셨나요?

휴식

함께 회복을 도모할 만한 활동을 고르세요. 아니면 서로에게 휴식을 주는 연습을 해 보는 건 어떨까요?

축복 보살피기

소중히 여기는 누군가에 대해 이야기합니다. 그를 더 깊이 돌보는 방법에 관해 함께 아이디어를 모읍니다. 이 활동을 마치며 각자 최소 한 가지 이상의 실천 방안을 갖고 나가야 합니다. 그 방안은 더 깊은 돌봄을 지속 가능하게 하며 적절한 경계를 두고 더 긍정적인 방향으로 실천할 수 있어야 합니다.

이 활동을 통한 여러분의 탐구 과정이 몹시 궁금합니다. 만약 궁금한 점이 있다면 트위터(오늘날의 X)나 인스타그램, 혹은 X와 인스타그램의 후손 SNS를 통해 연락해 주세요. 제 계정은 @alexispauline입니다.

주

[1] 고마워요, 솔랑케 오미무예군^Solanke Omimuyegun!

[2] 고마워요, 나탈리 클라크^Natalie Clark!

[3] 고마워요, 테마 오쿤^Tema Okun!

[4] Alexis Pauline Gumbs, "The Problem with the Passive Past Tense", *Black Perspectives*, July 10, 2018. https://www.aaihs.org/the-problem-with-the-passive-past-tense/ (최종 접속일: 2024. 6. 23.)

[5] 나는 최근 칼텍^Cal Tech의 과학자들과 함께 자기 자신과 열정, 관계성을 다시 담아 내도록 독려하는 연구 글쓰기 워크숍을 진행했는데 이런 워크숍을 또 열고 싶습니다. 과학자 여러분, 함께해 봅시다!

[6] 만약 이런 연구를 읽은 적이 있다면 저에게 보내 주세요!

[7] #weatherandwake #thankyouchristinasharpe

[8] #docjosephriseinpower

[9] #nomammalsupremacy #oceaniclove #realsharkfriendsdroppingknowledge 상어 가족의 퀴어 변혁적 영향력에 관한 자세한 내용은 내 소중한 가족 레아 락시미 피에프즈나-사마라시나^Leah Lakshmi Piepzna-Samarasinha의「펨 샤크 매니페스토!^Femme Shark Manifesto!」를 참고하세요. https://brownstargirl.org/femme-shark-manifesto/ (최종 접속일: 2024. 6. 23.) 큐오-리 드리스킬^Qwo-Li Driskill의 신성한「황소상어 매니페스토^Bull Shark Manifesto」도 함께 외쳐 주세요!

[10] #mariellepresente

[11] 이와 관련해서는 다음의 기사를 포함해 여러 편의 글이 발행되어 있습니다. Stephanie Pappas, "Mama Dolphins Sing to their Babies in the Womb", *LiveScience*, August 9, 2016, https://www.livescience.com/55699-mother-dolphins-teach-babies-

signature-whistle.html (최종 접속일: 2024. 6. 23.)

[12] Dohl, Thomas P. and Norris, Kenneth S. and Ingrid Kang, *Journal of Mammalogy* 55, No. 1, February 1974, 217–22.

[13] https://www.keikoconservation.org/blog/kamoanas-death-marks-140-dolphins-that-have-died-in-sea-life-parks-care (최종 접속일: 2024. 6. 23.)

[14] https://www.sealifeparkhawaii.com/ (최종 접속일: 2024. 6. 23.)

[15] https://www.psychologytoday.com/us/blog/animal-emotions/201907/orcas-are-majestic-emotional-beings-who-have-children (최종 접속일: 2024. 6. 23.)

[16] #nomorebackrooms #disabilityjusticenow #freeallmammals #abolitionnow

[17] 10년간 내 일상의 일부가 되어온 야시나의 고전 요가 클래식은 여기서 볼 수 있습니다. https://vimeo.com/user3944994 샤론의 오라클 작업에 대한 자세한 내용은 여기서 확인할 수 있고요. https://sharonbridgforth.com/dbmml#08957add-466c-4378-b4cf-c1d9ace99bfd 오순푼케 오미사데 버니-스콧의 팟캐스트에서 라나가 전하는 지혜를 들을 수 있습니다. https://anchor.fm/decolonizingthecrone/episodes/Aperture-Leo-Season-e4spou/a-akek3a 언제나 그렇듯 바이아에서 고래와 함께 호흡하고 있는 마셸라 해리슨을 이곳에서 응원할 수 있습니다. https://www.gofundme.com/f/5gyczp-whalewhispering (최종 접속일: 2024. 6. 23.)

[18] Toni Cade Bambara, *The Seabirds Are Still Alive*, New York: Random House, 1977.

[19] 자세한 내용은 레아 락시미 피에프즈나-사마라시냐의 다음 책을 참고하세요. *Care Work: Dreaming Disability Justice*, Vancouver: Arsenal Pulp Press, 2018.

[20] Grace Lee Boggs, Opening Ceremony at the Allied Media Conference in Detroit Michigan, 2007.

[21] Bobby Brown. "On Our Own", Ghostbusters 2 Soundtrack, MCA

Records, 1989.

²² Ida B. Wells, *The Selected Works of Ida B. Wells-Barnett*, Oxford: Oxford University Press, 1991, 6.

²³ #junejordan #soldier #civilwars #dryvictories 다음에서 직접 인용했습니다. National Audubon Society(NAS), *National Audubon Society Guide to Marine Mammals of the World*, New York: Knopf, 2002.

²⁴ 1996년에 발행된 테리 맥밀란의 책 *How Stella Got Her Groove Back* (New York: Signet, 1996)과 동명의 영화(1998)를 참고했습니다.

²⁵ Alexis De Veaux, "Listening for the News", *Essence Magazine*, March 1982.

²⁶ #restinpowertonimorrison

²⁷ Ron Leach, "Nat Geo Photographer Comes Face to Face with Massive Leopard Seal in Antarctica", *Shutterbug*, April 21, 2016. https://www.shutterbug.com/content/national-geographic-photographer-comes-face—face-massive-leopard-seal-antarctica-video (최종 접속일: 2024. 6. 23)

²⁸ Audre Lorde, "A Litany for Survival", *The Black Unicorn*, New York: W.W. Norton, 1978, 31. 국역본 『블랙 유니콘』, 송섬별 옮김, 움직씨 2020, 62면.

²⁹ #rickyrenuncia #wandarenuncia #puertoricoisaBlackgeography #throwthewholeadministrationout #oyaforpresident #allempiresfall #itsthe121anniversaryoftheUSinvasionofPR #justsayin

³⁰ Tracy K. Smith, The Slowdown Podcast, August 5, 2019.

³¹ 아웃캐스트^Outkast를 참고했습니다.

³² 훌륭한 패니 루 해머^Fannie Lou Hamer의 말을 인용합니다.

³³ 다음을 참고하세요. Hortense Spillers, "Mama's Baby, Papa's Maybe: An American Grammar Book", *Black, White and In Color: Essays on American Literature and Culture*, Chicago: University of Chicago Press, 2003, 203–29; and Saidiya Hartman, "Venus in Two Acts", *Small Axe: A Caribbean Journal of Criticism* 12, no. 2, 2008, 1–14.

³⁴ https://www.sciencemag.org/news/2020/02/minke-whales-are-

struggling-communicate-over-din-ocean-noise (최종 접속일: 2024. 6. 23)

[35] 다음을 참고하세요. Kevin Quashie, *The Sovereignty of Quiet: Beyond Resistance in Black Culture*, New Brunswick, NJ: Rutgers University Press 2012.

[36] 다음을 참고하세요. Eric A. Stanley, "Anti-Trans Optics: Recognition, Opacity, and the Image of Force", *South Atlantic Quarterly* 116, no. 3, 2017, 612–20.

[37] 다음을 참고하세요. Wahneema Lubiano, "Black Ladies, Welfare Queens, and State Minstrels: Ideological War by Narrative Means", *Race-ing Justice, Engendering Power*, edited by Toni Morrison, New York: Pantheon Books, 1992.

[38] 2019년 자궁심의 달을 몇 개월 앞두고 살해된 트랜스여성들의 이름입니다. #shesafewesafe #Blacktranswomenmatter

[39] 다음을 참고하세요. Lucille Clifton, "Atlantic is a Sea of Bones", *Next: New Poems*, New York: BOA Editions 1989.

[40] Paule Marshall, *Praisesong for the Widow*, New York: Plume 1983.

[41] #unendingpraiseforpaulemarshall 더 많은 폐경기 지혜[menopausal wisdom]를 얻고 싶다면 오순푼케 오미사데 버니-스콧[Osunfunke Omisade Burney-Scott]의 훌륭한 팟캐스트 'Black Girls' Guide to Surviving Menopause'를 구독하세요.

[42] https://earther.gizmodo.com/hundreds-of-protestors-block-work-crews-ahead-of-thirty-1836443987(최종 접속일: 2024. 6. 23)

[43] https://youtu.be/RBtwY2lp_cM(최종 접속일: 2024. 6. 23)

[44] https://www.npr.org/2019/07/18/742957579/puerto-rican-police-fire-tear-gas-at-huge-protests-over-governors-texts (최종 접속일: 2024. 6. 23)

[45] Audre Lorde, "The Black Unicorn", *The Black Unicorn*, New York: W.W. Norton 1978, 3. 국역본『블랙 유니콘』, 송섬별 옮김, 움직씨 2020, 23면에서 재인용.

[46] 다음을 참고하세요. Toni Morrison, *Song of Solomon*, New York: Knopf 1977. 국역본 『솔로몬의 노래』, 김선형 옮김, 문학동네 2020.

[47] 이들의 오후 소리는 여기서 확인할 수 있어요. (제게는 이 배경음이 오래된 캐롤라이나 흑인 교회의 찬송가처럼 들려요) https://vimeo.com/304611272 하와이 연안에 관한 생물음향학 연구자들의 설명은 다음 링크에서 확인할 수 있습니다. https://asa.scitation.org/doi/10.1121/1.3365259 (최종 접속일: 2024. 6. 23)

[48] Audre Lorde, "Equinox", *From A Land Where Other People Live*, Detroit: Broadside Press 1973, 11–12.

[49] M. Sakai, Y. Kita, K. Kogi, et al., "A wild Indo-Pacific bottlenose dolphin adopts a socially and genetically distant neonate", *Scientific Reports* 6, 2016, https://www.nature.com/articles/srep23902 (최종 접속일: 2024. 6. 23.)

[50] June Jordan, "The Creative Spirit and Children's Literature", *Revolutionary Mothering: Love on the Front Lines*, edited by Mai'a Williams, China Martens, and Alexis Pauline Gumbs, Oakland: PM Press 2016.

[51] https://explore.org/livecams/orcas/orcalab-base (최종 접속일: 2024. 6. 23.)

[52] 듀크대학교에서 참여한 댄스 연습에서 영감을 받았습니다. 가르침을 준 안드레아 우즈 발데즈[Andrea E. Woods Valdez]에게 사랑과 감사를 표합니다.

떠오르는 숨

해양 포유류의 흑인 페미니즘 수업

초판 1쇄	2024년 7월 5일
초판 2쇄	2024년 8월 9일

지은이	알렉시스 폴린 검스
옮긴이	김보영
편집	김깃
표지 사진	최혜영 (instagram.com/jejucoral_/)
제작	인타임

펴낸 곳	접촉면 (출판등록 2023년 6월 26일 등록번호 2023-000046호)
주소	서울시 은평구 갈현로15길 41 303
이메일	hello@contact-surface.com
홈페이지	contact-surface.com
인스타그램	instagram.com/contact.surface/
X(트위터)	x.com/_contactsurface

ISBN	979-11-985851-0-3 03330